肯·希区柯克作序

冰球技能提升

PLAY BETTER HOCKEY

从入门到明星

[加] 罗恩·戴维森 著

张守伟 主译

北京体育大学出版社

策划编辑　王英峰
责任编辑　邓琳娜
责任校对　韩培付
版式设计　联众恒创

北京市版权局著作权合同登记号：01-2020-7484
Play Better Hockey : The Essential Skills for Player Development; Ron Davidson; Published by Firefly Books Ltd.

图书在版编目（CIP）数据

冰球技能提升 : 从入门到明星 / (加) 罗恩 · 戴维森著 ; 张守伟主译. -- 北京 : 北京体育大学出版社，2021.11

书名原文：Play Better Hockey : The Essential Skills for Player Development

ISBN 978-7-5644-3272-0

Ⅰ.①冰… Ⅱ.①罗… ②张… Ⅲ.①冰球运动—运动训练 Ⅳ.①G862.32

中国版本图书馆CIP数据核字（2021）第192626号

冰球技能提升：从入门到明星　　［加］罗恩·戴维森　著

BINGQIU JINENG TISHENG：CONG RUMEN DAO MINGXING　　张守伟　主译

出版发行：北京体育大学出版社
地　　址：北京市海淀区农大南路 1 号院 2 号楼 2 层办公 B-212
邮　　编：100084
网　　址：http：//cbs.bsu.edu.cn
发 行 部：010-62989320
邮 购 部：北京体育大学出版社读者服务部 010-62989432
印　　刷：北京瑞禾彩色印刷有限公司
开　　本：710mm × 1000mm　　1/16
成品尺寸：170mm × 240mm
印　　张：10.75
字　　数：185 千字
版　　次：2021 年 11 月第 1 版
印　　次：2021 年 11 月第 1 次印刷
定　　价：138.00 元

（本书如有印装质量问题，请与出版社联系调换）

译者名单

主　译　张守伟

译　者　（排名不分先后）

矫　杰　姚善岱　杨泽森　付英东　李晓晗

张珈鑫　张嘉航　刘健松　宋配峰　吴宇鹏

巩洪国　于伟强　李俊达

献词

致我的父亲艾尔·戴维森，他在 91 岁本书出版的那一周不幸去世了。

他终生促进加拿大的自然保护，于 2008 年获得加拿大勋章。他在数十个国家公园、遗产地和海洋保护区的建设方面均做出很大的贡献。即使是这样，他仍会抽出时间带我参加许多冰球比赛和练习，并且在我 10 岁时带我去看国家队的比赛。是我父亲帮助我相信我有朝一日可以代表加拿大比赛，而且他从未错过我的职业生涯初期及我在国家队中的主场比赛——他甚至会到欧洲观看我的比赛。我很感激他为我所做的一切。

康纳·麦克戴维在处理冰球时执行高速侧滑并转身。麦克戴维的上手向上抬并远离身体，使得球杆打击板垂直于冰面，能更好地控制冰球。他会在反手位将滑行转换成急转弯。

序

我在2010年底第一次见到了罗恩·戴维森。我们受聘去帮助筹建一个特殊的教练和技能学会，学员将在2010—2011赛季的冬季巡回加拿大。该学员被称为“现代冰球国家”，是加拿大最大的冰球外展节目——《冰球之夜》的一部分（在10个城市的巡回讲演过程中，罗恩和我与6000多名球员及数百名教练一起工作）。在这次巡讲之前，我从未听说过罗恩。不久之后我才知道他为一些NHL（北美冰球职业联赛）团队开办过夏令营，而且他是一位热情的老师，但也仅限于此。然而，在我们第一站的一次冰上活动后（温哥华），我从罗恩身上看到了一些特别的东西。

罗恩的角色是教授像我这样的教练来设计一些训练并让球员完成这些训练。但罗恩做的不仅仅是让球员们完成这些训练；他强调了哪些技能应该被使用及何时使用，并教导球员如何用与优秀NHL球员相同的方式使用这些技能。他会以一种易于理解和执行的方式分解任何给定的技能（本书中的插图是罗恩正在做技能）。基于此，参与者很快就了解了为什么他们的身体需要以某种方式完成这些技能，以及如何很容易地做出这些动作。

罗恩关于技能发展的常识性方法给我留下了深刻的印象。他能够以某种方式教授球员，让他们在学习这些技能之后立即在比赛中运用从基本到有难度的动作。我从未见过这样的教练，他能够向一组球员解释技巧然后激发出整个队伍的激情。每个球员都希望被当作范例，成为罗恩可以指着说“怎么做得这么好”的那个人。

在这次巡讲中，罗恩和我就一名球员是否能被教会“冰球感觉”进行过辩论。罗恩觉得他可以设计一系列的练习，以提高球员的技能和比赛感。这些是第二版的最后强调的技能。起初我并不相信，但随着我们的巡讲团在加拿大各地活动，我看得出来罗恩是对的。在一个周末，我看到球员同时提升了他们的球感和技能。罗恩的技能开发方法，以及他将技能融入竞争氛围中的能力，使得他能围在类似比赛的情境中培养球员的学习能力，让球员的冰球感觉能够被激发出来（并得到提升）。罗恩的教学方式给我留下了非常深刻的印象，我现在在指导自己的NHL团队时还会使用他的一些训练方法——相信我，它们都很管用。

罗恩的冰上教学和影响在本书中都有专业的介绍，如果你想把你的技能“提升到一个新的水平”，正如罗恩所说，《冰球技能提升：从入门到明星》这本书是必读的。

向冰球致敬！

肯·希区柯克

肯·希区柯克在2017年春季被任命为达拉斯之星队的新任主教练之后对记者发表讲话。

引言

从记事起，我就喜欢上了冰球这项不可思议的运动。我哥哥和我经常会拿着冰鞋，穿过几条被雪覆盖的街区，到尼平区附近的格雷厄姆公园的街角溜冰场，玩上几个小时。我爸爸告诉我，很多次他都会在我本应该回家的时间来到溜冰场发现我还在溜冰场上玩耍而忘记回家的时间。这时爸爸总会说“你在脚趾头冻僵前给我回家”！

1974 年冬天，我被康沃尔皇家队选中参加魁北克青少年冰球大联盟的首轮选秀的几个月前，我在小矮人队的助理教练汤姆·米克（Tom Meeker）问我那个夏天要做什么并且说：“我哥哥豪伊（Howie）经营着一所相当不错的冰球学校，他正在物色工作人员。”在那个夏天，我发现我喜欢教冰球。汤姆的邀请使我在 12 个暑假里，与一位真正的冰球大师共事——豪伊·米克（Howie Meeker）是一位伟大的导师。在我钻研冰球技术的过程中，没有比这更好的选择了。

在这些年里，我受益于加拿大一些最好的技术教练的指导：我在 1976—1977 年为渥太华 67 队效力时，布莱恩·基雷亚（Brian Kilrea）为我做了指导；1978—1983 年为加拿大国家队效力时（其中包括 1980 年的普莱西德湖冬奥会），汤姆·瓦特（Tom Watt）、克莱尔·德雷克（Clare Drake）、乔治·金斯顿（George Kingston）和戴夫·金（Dave King）为我进行了指导。在瑞典精英联盟中为瓦斯特拉·弗罗隆达队打职业冰球时，我接触到了瑞典的训练方法；在瑞士打职业冰球时，我有一位捷克斯洛伐克教练。

我成了冰球运动的一员，我渴望尽可能多地了解球员们是如何提高冰球技能的。为什么有些选手滑得很好，而有些选手却没有？快速滑行的秘诀是什么？为什么有的球员射门时击球速度快且力量大，而其他人却不行？我发现，如果我想要得到这些问题的答案，就需要观察精英球员，了解他们在冰上的表现。

作为加拿大冰球国家队的一员，我有机会和世界上一些最好的球员同场竞技。1978 年，当冰球教父大卫·鲍尔重新恢复这个沉寂了十年的项目时，我和年轻的明星韦恩·格雷茨基（Wayne Gretzky）一起效力于 WHA（世界冰球协会）的埃德蒙顿石油工队。在和他比赛后，我意识到，作为一名冰球运动员，他完全被忽视了。

罗恩·戴维森（右）和吉姆·尼尔正在庆祝1980年普莱西德湖冬奥会上对阵苏联队的弗拉迪斯拉夫·特雷蒂亚克时的进球。

他的冰球技术好得让人难以置信，但真正让我吃惊的是他区别于一般球员的侧滑能力、加速能力和紧急转弯能力，在比赛中他可以把这些技术无缝地衔接起来。韦恩是一个真正的滑冰艺术家，冰场就是他展现才华的地方，他可以在冰上随心所欲地滑行。

1980年，我参加了普莱西德湖冬奥会，与一些最伟大的苏联球员比赛，包括弗拉迪斯拉夫·特雷蒂亚克、维亚切斯拉夫·费季索夫，以及我见过的最具爆发力的球员之一——瓦列里·哈拉莫夫。在比赛和练习过程中，我有很多机会直接看到他们的冰上技术。

继1972年系列高峰论坛之后，北美冰球界开始意识到，关于冰球比赛的技术还有很多东西要学。在那个著名的系列论坛之前，外界对于苏联队做出的结论是“苏联人甚至不知道怎样去射门”，评论说他们倾向于用相同的方式进行射门。当时没人意识到，球员在移动中利用假动作进行射门是一种十分有效的射门技术。事实上，人们遗忘了NHL中最厉害的两名得分手——火箭队的理查德和戈迪豪，他们都使用了在移动中利用假动作进行射门的技术。现在，每个精英球员都知道，成为优秀运动员的基本条件之一就是会使用假动作进行射门。

这项运动一直都在进步，挑战旧思维方式的勇气和在技能发展方面取得进步的愿望使该项运动得以发展。

在比赛中最伟大的球员总是这样做的——我们需要向他们学习。在 2005 年 NHL 选秀之前，我在渥太华开了一家展示选秀前五名球员技能的场馆，包括西德尼·克罗斯比。我设计了一些训练动作来展示他惊人的加速和出色的滑冰技术。让我感到惊讶的是，即使在一个仅仅是媒体活动的场景下，西德尼也能完全专注于展示他最好的技术。他想尝试新的东西，推动新技术更快地提高。在前一年，世界上最伟大的女球员之一海利·威肯海瑟，在我的一所女子冰球学校担任客座教练。很久以前，她就开始练习滑冰了。她告诉我她喜欢对学生强调动作间快速的过渡和轻盈的脚步，“我可以在我的比赛里那样做！”很明显，她能达到女子冰球运动顶峰水平的原因是她从未停止学习。

许多优秀运动员不明白他们的技术和其他运动员有何区别。他们的冰球技术已成为自身的运动风格。1981 年，豪伊·米克让我和 NHL 球员合作，教他们如何在加拿大《冰球之夜》的“专业技巧”环节教孩子们冰球，这真是让人大开眼界。为了孩子们与节目，我向马克·梅西耶、丹尼斯·萨沃德、鲍比·史密斯、拉里·罗宾逊、迈克·波西和其他人请教了一些技术的优势。然后，球员们将在电视上展示这些技巧。每个球员无一例外地表示，技能上的改进很有帮助，孩子们会在较小的年龄受益于这些知识。他们还说会在未来的实践中设法去解决这个问题。三十年后，从 2006 年 9 月开始，我与罗恩·麦克莱恩一起参与整理《冰球新思维》节目的素材，该节目也会在加拿大的《冰球之夜》栏目播出。我是冰球项目的主管，我和 NHL 的一些顶级教练和球员一起工作，比如肯·希区柯克、迈克·巴布科克、温德尔·克拉克和拉里·墨菲，他们介绍了个人和团队的技战术及比赛理念。虽然冰球运动在三十年间已经发生了变化，但它传达的信息仍然是一样的：无论每个球员的年龄或能力如何，都可以通过提高他们的技能来打出更精彩的冰球。

毫无疑问，自从我们在 2010 年推出了第一版后，冰球运动一直在继续快速发展着。更好的培训、教练和装备都促成了球员的个人技能和团队技能令人难以置信的进步。虽然勇气、性格、坚韧和坚持不懈的意志是无形的，但它们将有助于精英球员的成功。人们越来越重视技能，速度和敏捷性在现代冰球比赛中变得至关重要。

竞争激励着每一个参与其中的球员去追求卓越的运动表现。

尽管这项运动近几年发生了很大的变化，但是我们很开心地看到，我们在第一版中陈述的所有技能今天仍在继续被优秀球员们使用。康纳·麦克戴维和其他人为了快速滑行而使用的线性交叉在第一版中就有详细的描述，以及像艾瑞克·卡尔森这样的优秀滑冰运动员使用的滑行技术以及悉尼·克罗斯比的急转弯和冰球保护技巧——这些了不起的运动员的引人注目的照片都会出现在本书中。滑行也一直像滑冰一样重要，踝关节延伸也一直被认为是一种重要的技术，球员可以使用它来滑行得更快、更迅速。这些都会在本书中列出。

我们对第二版《冰球技能提升：从入门到明星》的出版感到非常兴奋。在这一版中，我们增加了许多高级技能、新照片、一些团队技能及一些顶级技能。动态技能训练是流程练习，能使球员获得并重视基本的冰球技能。这些训练不仅可以教授和训练球员的身体技能，还可以教授和训练其心理技能——预判、阅读比赛和反应的能力、观察力和比赛感觉。这些训练是不可预测的，且活动量很大。训练时的球员会成为其他球员的“移动式大门”。记住：球员需要通过训练来学习。所以，让他们动起来！

不管我教的是初学者还是职业选手，是年轻球员还是资深球员，是女孩还是男孩，技术和技巧进步的方法是相同的。具体教学的不同取决于个人在冰球场上的位置。当你努力学习的时候，你的注意力必须放在冰球比赛本身：这是一项令人难以置信的运动，它要求运动员学习并控制身体之外的两个部分——冰上的冰刀和球杆末端的冰球。这是滑冰和冰球技术的结合，再加上视觉感受和对比赛的感觉，我们见证了冰球达到难以置信的运动成就的顶峰。如果掌握一项身体技能可以让人满意的话，那么冰球有数不清的技术等着你去学习。无论你的技术水平如何，你掌握的技术越多，你就会越喜欢冰球所能带来的一切。

我真诚地希望本书能帮助你接触冰球这一有趣的运动项目。毫无疑问，在阅读了本书并看到专业球员运用书中讲述的技术后，你会更好地理解如何让你的身体通过移动来使用特定的冰球技能。对你来说就是，你将很好地在你的冰球学习道路上实现我们的目标，即为了让你的冰球打得更棒！

HONDA
NYR
SHOP.
BAUER

目 录

克里斯·克莱德从足跟对足跟的转弯转换到了一个 V 启动，以便触碰到一个从雅罗斯拉夫·哈谢克身上反弹回来的冰球。

87
CCM
87

1 基础

带球时，西德尼·克罗斯比使用完美的打冰球姿势。

平衡和姿势

从运动的角度来说，穿着冰鞋时保持良好的平衡是成为优秀的冰球运动员最重要的一个基本要素。

冰球运动员可以通过适当的身体姿势和“平刃”来实现平衡。当处于打冰球姿势和冰球滑冰姿势时，你的冰刀应该保持从前到后（重量均匀分布在你的前脚掌和足跟上）及从左到右（冰刀内刃和外刃的压力相等）平放在冰面上。无论是用一只手还是用两只手持杆，冰球滑冰和打冰球姿势将是你在冰上进行所有的动作的基础。

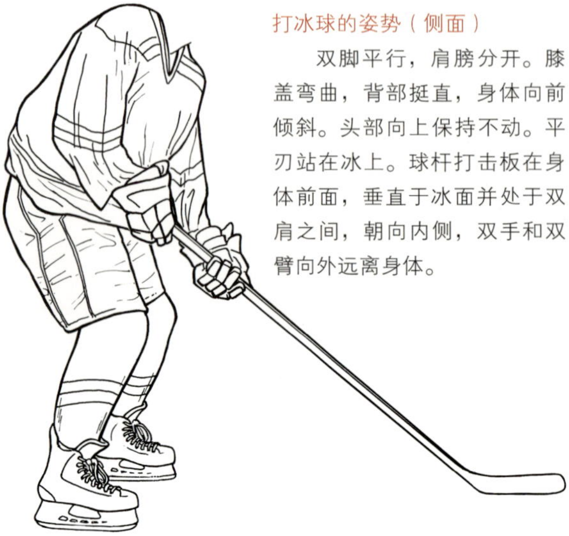

打冰球的姿势（侧面）

双脚平行，肩膀分开。膝盖弯曲，背部挺直，身体向前倾斜。头部向上保持不动。平刃站在冰上。球杆打击板在身体前面，垂直于冰面并处于双肩之间，朝向内侧，双手和双臂向外远离身体。

打冰球的姿势（正面）

下手在身体的中心，上手在身体中心及腰部的外侧，打击板平放在冰上，并处于两肩膀之间，朝向合适的一侧，两只脚与肩同宽，脚尖指向前进的方向。

冰球滑冰的姿势

双脚平行，肩膀分开。膝盖弯曲，背部挺直，身体向前倾斜。头部向上保持不动。平刃站在冰上。球杆打击板垂直于冰面并处于双肩之间，朝向外侧，并且上手远离身体，处于外侧臀部的前面。

学会抓住并握住你的球杆将使你在任何情况下都能随时准备与冰球相互作用，无论你是单手还是两只手放在球杆上。

正确的上手握杆（侧面）

当从侧面看时，球杆柄的末端应该顶在你的手掌掌根位置，你的最后两根手指紧紧地包裹在球杆柄的把手上。你的食指、中指和拇指应该很放松地握住球杆。手腕应该放松，稍稍向下。

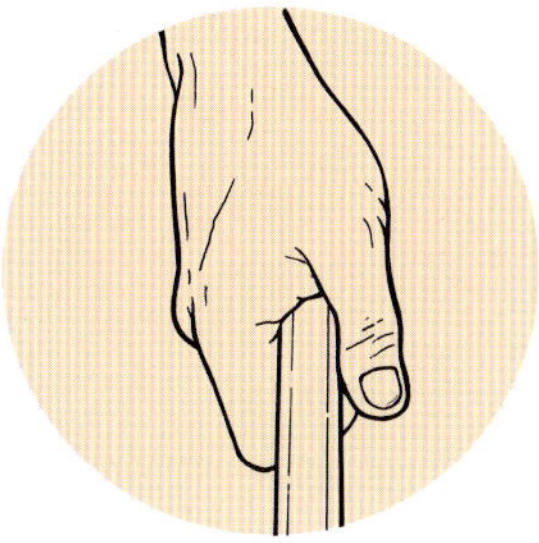

正确的上手握杆（正面）

当从上往下看你的手时，你的拇指和食指应该形成“V”形，停在球杆柄前面的中间处。注意你的拇指应停在球杆柄的侧面，而不是正面。你的拇指不应该对球杆柄施加任何压力。

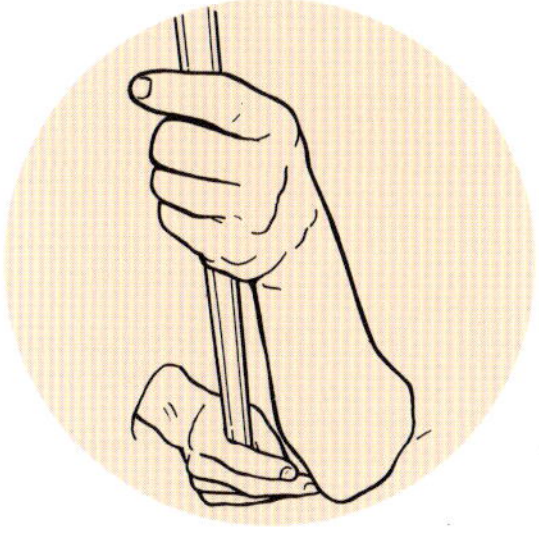

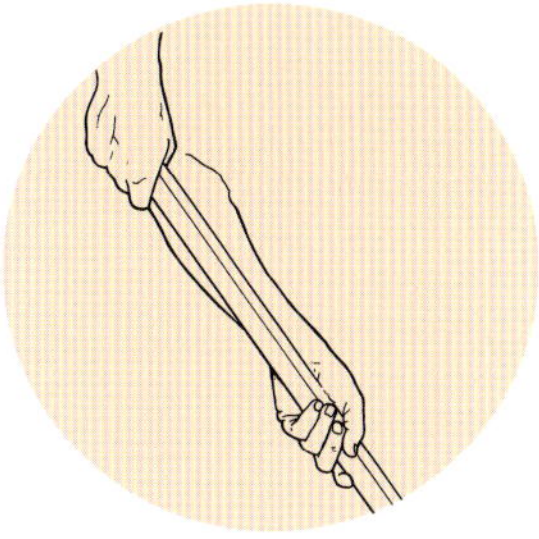

下手的放置

上手放在正确的位置后，将你的下手放在球杆柄上上手的旁边，然后向下滑动，在移动下手的同时保持前臂和肘部靠近球杆柄。一旦下手的肘部碰到上手，就将你的下手锁定在这里，因为它现在处于正确的位置（打冰球的位置）。一旦下手到位，就形成了打冰球的姿势，此时上手应靠近身体的中间和前方。

握杆

上手握杆

上手握球杆只有一种正确的方法。在滑行的时候，正确的上手握杆姿势是控制球杆的关键，这也是最终控制和处理冰球的关键。使用正确的上手握杆姿势也将帮助你正确地定位球杆，通过它可以帮助你在各种比赛状况下合理地控制身体位置。最好在脱下手套的情况下学会正确地握杆。如果想要控制好球杆，上手应该是你的主导手（例如，右手球员的右手）。

下手握杆

下手的位置和握力应该随着比赛的变化而改变。当你控球时，下手通常应该保持放松和灵活，这样下手就可以轻易地在球杆上上下移动。控球时，额外的握紧力能帮助你保证冰球不被阻截；当传球时，你的下手应该更用力握杆，而当射门时，握力还要更大。

你需要经常改变下手在球杆上的位置。当冰球在你身体前面及中间时，下手才会有一个理想的位置来控制球。

正确的手臂姿势

当用双手握杆处理冰球时，你应该将手放在身体中间并使它们处在身体前面并指向外，将你的球杆打击板放在冰面上。你的下手应该在你的身体中央，你的上手应该处在你的身体中心和你的外侧臀部之间。

至关重要的是，你的手臂要足够向外远离你的身体。因此，如果从侧面来看，你的上手肘部不应从你的后背露出，只从身后可以看见。当你处理冰球时，如果你的肘部突出了你的背部，那么就是冰球太靠近你的身体或是你的球杆太长。

正确握杆

保持双臂向外伸，球杆打击板位于身体中间并垂直于冰面。你需要弯曲膝盖并且向前倾——这是准备击球姿势的关键。

球杆选择

好的冰球球杆能成就一个冰球运动员。当结合了你的冰鞋和正确的姿势后，你的球杆会成为一个有用的工具并使你的身体足够向外伸展。它有助于形成三脚架的第三个支柱（你的腿和冰鞋形成前两个支柱）。球杆能起到平衡作用，它还可以让你传球、射门和得分！

球杆尺寸

年轻球员应该使用好一点的球杆，球杆柄和打击板应该适合你的自身状况。针对不同的年龄，有相应的球杆尺寸，并且每种球杆都有逐渐加大的打击板和加长的球杆柄（圆周和长度）。如果有合适的球杆但是球杆柄的尺寸不够长，可以在杆身上加一个木塞来延长球杆的长度。

理想的情况下，所有球员，特别是初学者，应该使用的球杆尺寸为：当你穿着冰鞋站在冰上时，球杆是直立的，打击板与冰面相接触，球杆在你的下巴下面不超过半英寸（1 英寸≈ 2.54 厘米）处。然而，许多职业球员的球杆比这个标准短得多。

当你变得更有经验时，你可以用一根更长或更短的球杆来控制冰球。长一点的球杆可以使你接触到更远的球，而较短的球杆使你能够在靠近身体处处理球，同时还能保持打击板和冰面的垂直。

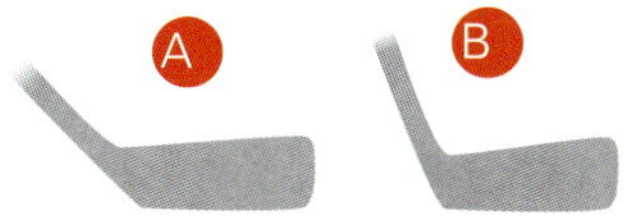

球杆杆头倾角

当你的冰刀平直地立在冰面上且你是正确地抓住球杆时，球杆离你的身体越远，打击板相对于球杆柄的角度就会越大。具有大角度杆头倾角的球杆（A）被称为低杆头倾角，而具有小角度杆头倾角的球杆（B）被称为高杆头倾角。

球杆杆头倾角

杆头倾角是打击板相对于球杆柄的角度。冰球球杆的杆头倾角范围从较低的 4.0 开始以半个增量递增到 6.0。当你使用具有合适的杆头倾角的球杆时，在你处于打冰球姿势时，打击板是垂直于冰面的。喜欢贴近身体控制冰球的球员会使用具有更大杆头倾角的球杆，而喜欢远离身体控制冰球的球员会使用具有较小杆头倾角的球杆。

弯曲度和刚度

弯曲度为你的击球和传球提供弹力，这有助于保证击球时冰球的整体速度。复合球杆柄都有一个等级数字，表明球杆的弯曲度。弯曲数字表示压力的大小（以磅为单位），一磅可以使球杆弯曲 1 英寸。数字越大，球杆刚度就越大。

球员选择球杆弯曲度时，应遵循的法则是将其体重除以 2，得到的数值就是你想要的球杆弯曲度。如果你非常强壮或你经常做大力击射，你需要上舍入这个得数；如果你经常做抖腕射门或快速射门，你需要下舍入这个得数。例如：一位球员的体重为 223 磅，如果他经常做大力击射，在选择球杆弯曲度时应采用上舍入方式，即 223/2 = 111.5，上舍为 112 磅，如果他经常做快速射门，则应采用下舍入的方式，球杆弯曲度则应选择 110 磅。

使用刚度好的球杆可以使射门更精准，但是球速会因为没有弹力作用而偏慢。球杆刚度太大会使得击球时产生后坐力，因为在击球时球员没有足够的力气使球杆弯曲。造成的结果就是球员的击球动作做完之前球杆已经快速弹回，造成冰球震颤，击球失败。

可弯曲的球杆可以用来快速击球，但是精准度可能稍差。球杆的弯曲度太大会使球员的手离面前的冰球太远，造成的结果就是球杆不能将冰球及时击出，击球力量很弱。

去掉一段球杆柄会影响弯曲度，而这样做实际上不会增加球杆的刚度（材料将保持与去掉球杆柄之前一样的延展性），这将使球员感觉球杆更硬。那是因为球杆的长度变短，所以弯曲的部分也变少了。较短的球杆意味着较少的杠杆作用和更硬的感觉。许多球杆专家声称每切断 2 英寸就需要增加 10 磅的压力以达到切断前的弯曲度。

感觉冰球

“感觉”是球员对冰球在球杆上的位置的判断，以及让球杆如何移动冰球；这种感觉或信息，通过木质球杆，而不是复合球杆从冰球传递给球员时，是最清晰的。因此，所有球员，无论技术水平如何，都应该考虑在他们的球杆顶部加上木塞（记住要满足所需的弹性等级）。

如果你正在学习控球或希望改善你的控球，选择一个可以轻松驾驭的球杆至关重要，球杆还可以最大化你对冰球的感觉。初学者使用的球杆打击板应该是直的或具有轻微渐变曲线的，还要尽可能薄而有弹性。打击板越薄，越有弹性，冰球传递给球员的感觉就越多。

冰刀

冰刀由不锈钢制成，很薄，有两个刃，安装在用铆钉固定的球靴的支架上。每片冰刀从脚尖到足跟都是有弧度的，这意味着冰刀的各部分并不会同时接触冰面。每片冰刀在两个刃之间还有一个凹槽，称为刀槽，这也将冰刀分成一个内刃和一个外刃。

刀刃与刀槽

运动员能够通过刀刃控制在冰面上的滑行，避免在滑行中出现摔倒或失去控制的现象。内刃与外刃之间有一个刀槽，你可以用内刃和外刃在冰上滑行或蹬冰。冰刀能够在冰面上滑行是因为刀刃的摩擦力要比刀槽的摩擦力相对大一些。

球靴、刀架和冰刀组成了冰鞋。当平刃站在冰上时，如图所示，冰刀的曲率半径（冰刀从足跟到脚趾的轮廓）清晰可见。

冰刀在冰上滑行时，移动的速度取决于运动员的体重、运动员施加在刀刃上的力量及冰层的软硬程度。冰刀的刀槽越深，刀刃就越长，此时冰刀更多的是靠刀刃而不是刀槽滑行，摩擦力更大，这样就能获得更多的抓地力，缩短了滑行距离。刀槽越浅，摩擦就越小，将更有利于滑行。与冰面适当地摩擦也是有益处的，因为摩擦能产生热量，有助于滑行；然而，过多的摩擦却会阻碍滑行。

刀槽半径

刀槽半径（ROH）是描述冰刀刀刃之间的刀槽深度的术语。这一参数反映了一个圆形的半径长度，圆的一部分形成了刀刃之间的沟槽：一个小半径表示一个小圆和一个深刀槽，而一个大半径表示一个浅刀槽。据相关资料表明，一个小刀槽半径和深刀槽的冰刀会缩短滑行距离，刀刃能更好地咬住冰面，使你能更好地转弯且启动更快。具有大刀槽半径的冰刀的两个刀刃之间是一个浅槽，所以你的刀刃会更好地与冰面接触，让你更好地滑行。

适宜的刀槽半径会让你在滑行和机动性之间取得平衡。寻找喜欢的刀槽半径的关键是从相对中等的刀槽半径开始，例如 1/2 英寸，然后尝试以 1/16 英寸的增量逐渐增加刀槽半径。如果你想要更大的摩擦、更短的滑行距离与更少的时间，可以通过减少刀槽半径来进行实验。在选择刀槽半径时，记住要考虑到你的能力、你的比赛风格和你的体型，以及场地。NHL 球员使用的冰场通常比你所在的溜冰场或室外冰场表面要柔软，而软冰对冰刀更具亲和力。冰层越软，刀刃的咬合越多，所以你可以在软的冰面上尝试更大的刀槽半径来改善滑行。你的体重也是一个重要的因素。较重的球员主要使用更大的刀槽半径所制成的冰刀。较轻的球员可能需要较小刀槽半径的冰刀，因为他们需要增加刀刃对滑行的影响。

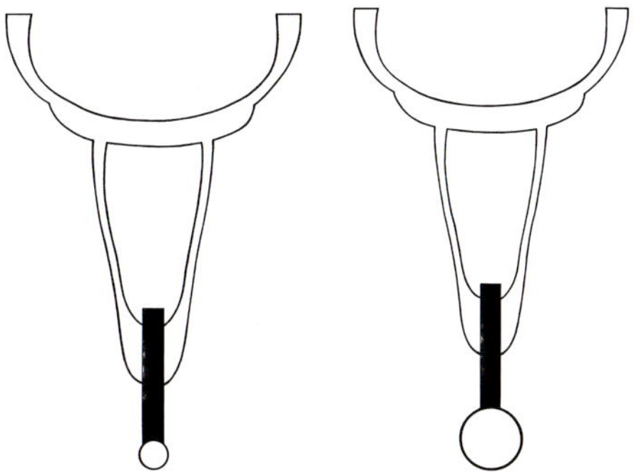

刀槽半径

在这些冰刀剖面图上（你可以看到球靴、刀座和冰刀——黑色部分所示），刀槽半径指的是冰刀底部圆圈的大小。较小的圆圈代表一个小的刀槽半径，而较大的圆圈代表一个较大的刀槽半径。刀槽半径越小，刀槽越深，刀刃越长；刀槽半径越大，刀槽越浅，对滑行越有利。

在冰刀的保养方面，深刀槽比浅刀槽更容易使刀刃暴露在外面，导致刀刃产生缺口或毛刺的可能性更高。你的冰鞋用深刀槽时会更容易变钝。冰刀的刀槽半径越浅，它被破坏的可能性就越小，使用时间也就越长。这意味着，通常情况下，使用深刀槽（小刀槽半径）的球员打磨冰刀的频率高于使用浅刀槽（大刀槽半径）的球员。

应该注意的是，大多数球员都会经常打磨冰刀，这可以使刀刃平整并保证其抓冰能力。如果你的刀刃在冰场外维护得很好并且在冰场内没有与门柱、其他冰刀或其他球杆接触而导致任何缺口，特别是使用具有较大刀槽半径的冰刀时，应该长期保持刀刃始终锋利。

检查刀刃是否均匀时，可把你的冰刀翻过来，把硬币放在刀刃上，如果刀刃平整，那么硬币应该是平的。均匀的刀刃可以让你使用两侧平整的刀刃进行滑行，就是说两侧刀刃受到的压力是相等的。

冰刀的曲率半径（刀身弧度）

球员的冰刀（相对于守门员的冰刀）通常被称为“摇滚”，因为他们的冰刀是波浪状的，或者说是不平坦的。制造商不会预先设定轮廓，每一副冰刀在使用前都必须进行轮廓设计。该术语指的是冰刀的轮廓取决于冰刀的曲率半径，这与刀槽半径的原理相同：半径的大小会反映出圆周的长短，该圆周的一部分是冰刀与冰面所接触的部分。与刀槽半径不同的是，刀槽半径以英寸为单位，冰刀的曲率半径以英尺（1 英尺 ≈ 0.30 米）为单位。冰刀的曲率半径越大，冰刀两端的轮廓就越小，与冰面接触的刀刃面积就越大；冰刀的曲率半径越小，与冰面接触的刀刃面积就越小。刀刃与冰面的接触面积会影响速度。例如，速滑运动员会使用尽可能长的冰刀；同时仍然需要做快速启动和交叉转弯的动作。冰球运动员的常用冰刀曲率半径是 9 英尺，但半径尺寸可以从 6 英尺到 13 英尺不等。对于守门员来说，他们冰刀的曲率半径要大得多，因为守门员的冰刀刀刃要比其他位置球员的冰刀刀刃平坦得多，这样才能获得更大的与冰接触的面积。

磨刀石和磨刀棒

传统的平口磨刀石被用来去除掉刀刃上的毛刺。然而，由塑料手柄和 Y 陶瓷组成的磨刀棒会改变冰刀的性能。磨刀棒中的陶瓷比冰刀中的钢更坚固。因此，当你用 Y 陶瓷磨刀时，你是在加工刀刃上的钢。在这个过程中稍微推动刀刃，改变刀刃和刀槽的尺寸比，即通过加深刀槽使刀刃变得锋利。因此，如果磨刀棒对冰刀施加的压力太大，你就有可能冒着破坏刀槽半径的风险来使冰刀变得锋利。

冰刀曲率半径

冰刀的曲率半径越大，轮廓越平，刀刃与冰面接触的面积就越大，这将有助于提高滑行速度。随着冰刀曲率半径的逐渐变小（圆角轮廓），球员的敏捷性将变强，但滑行能力将变弱。

冰刀的倾斜角

此冰刀是向前倾斜的，足跟比脚掌高。许多冰刀都是向前倾斜的，因为滑冰的位置是在扁平的刀刃上，身体会向前倾斜。

在选择冰刀半径时，应在不降低机动性的前提下使用尽可能大的冰刀曲率半径。当你有了一定经验时，你可以尝试一个半径更大的冰刀。要不断提高你的滑行技术，包括掌握正确的身体姿势，这会使你在使用大半径冰刀的同时保持敏捷性。在弯道转弯和过渡时，使用一个半径大的冰刀将提高你的滑行速度。年龄较小的滑冰者跟成年滑冰者的冰刀长度亦不相同，这是因为儿童冰刀的半径比成年滑冰者的更小。

在任何情况下，冰刀的轮廓居中都是极其重要的，这将为你提供最大的平衡。当运动员蹬冰时，他可以通过足跟和前脚掌施加同等的力量。

刀槽半径与冰刀曲率半径的关系

刀槽半径和冰刀曲率半径之间的关系是可以调整的。例如，为了获得更快的速度或转弯，以及启动时获得更大的摩擦力，一些球员会使用有大冰刀曲率半径和小刀槽半径的冰刀；而另一些球员为了控制滑行和增加滑行能力，会使用一个有小冰刀曲率半径和较大刀槽半径的冰刀。当你选择冰刀的时候，要考虑你的技能、技术、位置与体型。体重大的球员可以利用更大的冰刀曲率半径来增加滑行能力，也可以通过较大的刀槽半径提高滑行能力，因为他们的体重会让冰刀与冰面咬合得更好。体重较轻的球员可以使用较小刀槽半径的冰刀来获得转弯时冰刀与冰面的适当的咬合，但是如果想加快直线滑行速度，你可能需要一个大的冰刀曲率半径。

滑冰时的倾斜角度

倾斜度是指踩在冰刀上的脚与冰面间的角度，由冰鞋下的刀座位置决定。刀座连在冰鞋的底部。有些刀座的定位是为了让你的脚可以放平，而有些刀座的定位是

速滑刀有一个非常大的冰刀曲率半径，使刀刃几乎与冰面全部接触。它增加了冰刀与冰面的接触面积，速滑运动员用此种冰刀可增加滑行能力，提高速度。

为了让你的脚和身体向前倾。不同的冰刀会有不同的倾斜角度。倾斜角度可通过更换不同型号的刀座或塞入“支架”来改变。

冰刀的倾斜程度不取决于你是后卫还是前锋，而是个人喜好的问题。

当选择冰刀的倾斜角度时，请记住，无论你是向前滑还是向后滑，正确的冰球滑冰姿势都是重心落在平直的刀刃上，且身体要前倾。同样重要的是，虽然脚掌和足跟会同时发力，但是往往你的前脚掌推力最大。因此，推荐使用向前倾斜的冰刀。注意不要只用脚掌滑行——保持一个良好的身体姿势，这样你就可以在平刃上滑行，你的重量也能均匀地分布在足跟和脚掌之间。

揭示误区

曾经有人认为，打球时的位置会影响你所使用的冰刀的特性。但是，由于技术指导已经取得了很大进展，现在人们明白了，球员，无论他们的位置如何，都需要快速、敏捷和尽可能机动，并要保持最快的滑行速度，所以选择冰刀类型没有一刀切的方法。每个球员应该基于他们的个人需求、体型和风格来选择冰刀。

身体术语

无论是左利手还是右利手，每个球员的身体都有两侧，而你击球的方式描绘了这两侧，即正手侧（右手球员的右侧，左手球员的左侧）和反手侧（右手球员的左侧，左手球员的右侧）。正手侧也被称为“内侧”，反手侧也被称为“外侧”。正手侧（内侧）通常也被称为“同侧”。所有这些术语都在本书中被使用，你在冰上的每一个动作及你将采取的每一种击球技术都取决于在执行某种技能时，你要预先决定使用身体的哪一侧（或朝向或远离）。内侧和外侧也用于描述球员与球门之间的相对位置。球员在接近球门时，可以是内侧朝向球门（例如左利手球员在左翼），也可以是外侧朝向球门（例如左利手球员在右翼）。

从外侧脚射门

这个射手是一个右手球员。他正在进行正手击球，并将冰球从他的同侧脚（后脚与目标的相对位置）扫到他的外侧脚下（前脚与目标的相对位置）。通过这种射门模式，射手的重心从后面转移到前面（同侧脚到外侧脚），被称为“外侧脚射门”。

从同侧脚射门

这个射手是一个右手球员。他正在用正手击球，将冰球从同侧脚足跟后面扫到同侧脚脚趾的前面。通过这种射门模式，射手的重量加到同侧脚上，被称为“同侧脚射门”。

滑冰原则

有效的滑冰技术是提高比赛水平的最好且最快的方法，为了成为一名更好的冰球运动员，你必须理解三个重要的概念：滑行、发力和蹬冰，它们将影响球员在冰上的表现。

滑行

滑行指在冰上“奔跑”及尽可能地减少刀刃与冰面的摩擦。滑行时将力量转化为速度，并为转换阶段提供动力。

每个滑冰动作都含有滑行元素。在你滑冰的时候，没有发力的脚就是在滑行，即使它只是简单地这样做。在一些滑冰动作中，你的双脚一直停留在冰面上，例如当你双脚在冰上向后滑行时，你的两只脚一边发力一边滑行（当以这种方式向后移动时，前脚掌下的部分冰刀蹬冰，同时足跟处的冰刀负责滑行）。

滑行效率越高，快速滑行所需的力量就越小。例如，保持平刃滑行并将你的重心（手、膝盖等）移动到滑行脚的前面和上面，这种做法将会利用你的重量和动量产生滑行。又如，弯曲膝盖，使其处于滑行脚脚趾的上方，并将你的双手移动到滑行脚前面的正确位置处，这种做法能让你利用重心帮助滑行。此外，你还可将身体的重量加在滑行脚上，例如，当双脚在冰上滑行时，你可以快速移动，但却没有“滑冰”。将所有重量放在一只脚上，然后再将所有重量转移到另一只脚上，接受重量转移的腿每次都需要弯曲膝盖。

记住，为了滑行，你的冰鞋必须在冰上！你的冰鞋与冰面接触得越多，你的滑行就越有效率。

训练单腿平衡及尽可能地滑行

通过这些练习可以看出，保持标准的滑冰姿势是非常重要的，保持膝盖弯曲能提高滑行技术——尤其是在跨越滑行脚做动作时；使打击板垂直于冰面，通过球杆柄向打击板施加压力，可使球杆帮助你保持平衡。在这个方法中，球杆充当了“第三条腿”。

足尖点地

在滑冰姿势中，抬起一只脚，在冰面上向侧向移动，然后靠向另一只脚，使两只冰刀内侧靠拢。接下来，将抬起的脚放回原来的位置，然后用另一只脚重复这个动作。动作熟练后逐渐拓宽步伐，技术提高后可增加控球练习。

迈步、滑行和轻触（在做动作时足尖点地）

向侧前远离身体的方向迈一步（不是跨步），把重心放在迈步的腿上，膝盖弯曲进行滑行。抬起另一只脚，靠近冰面，并逐渐向滑行脚靠拢，使两只脚靠在一起。然后用你刚才抬起来的脚向侧前方迈一步，持续交替滑行，确保每一步后双脚都会轻靠。逐渐熟练后增大步幅。试着练习用同样的动作向后滑行。

单腿滑行

抬起一只脚，用另一只脚滑行，然后抬起滑冰脚，练习另一只脚。双腿交替进行向前和向后的练习。下面举几个练习的例子：可以通过脚尖来转动臀部和脚踝；脚向外蹬冰然后收回；滑冰脚的膝盖弯曲，带动冰鞋上下移动，练习滑行时重心在竖直方向上的转换技巧。

发力

发力是滑冰时提高动力的两种方式之一。腿和脚向外推冰，帮助你完成发力动作。发力脚向外推冰时，会将力传递给滑行脚（这只脚不参与推冰）。记住，当你在移动时，一只脚驱动另一只脚滑行，发力越大，就会有更多的力量传递到滑行脚上。如果你滑行的方法正确的话，那么驱动力就会转化为速度。

蹬冰

蹬冰是滑冰时提高动力的另一种方式。在蹬冰发力时可以通过发力脚的脚掌和足跟产生额外的动力。当向前滑行时，可以通过伸展和转动脚踝，使得滑冰脚的脚掌和足跟下的冰刀使劲向下推冰，产生蹬冰力。

理想情况下，脚踝伸展的同时你的发力腿也是向外伸展的，这样，你在发力的同时就会蹬冰。蹬冰，换言之，就是累加在发力之上的推力。将蹬冰与初始驱动力结合在一起，附加的力量就会增加整个驱动滑行的可用动力。

优秀的滑冰运动员几乎可以在任何方向上伸展和旋转脚踝，以便在任意滑冰动作中产生最大的蹬冰力。蹬冰的时机对蹬冰力和速度的最大化至关重要。正确的蹬冰时机和正确的重心转移被称为滑冰的“节奏”，“节奏”对运动员在滑冰过程中高效滑行和产生动力的力量有着巨大的影响。

完美的脚踝伸展

泰勒·霍尔让腿部伸展，完成了一次完美的发力，通过伸展发力脚的脚踝，将脚掌下方的冰刀更深地推入冰中，以获得额外的蹬冰力。霍尔通过膝盖深弯曲，使他的胸部和肩膀与他的行进方向垂直，从而提高了从发力转移到滑行的速度。身体前倾使得他的重心处在滑行脚的上方并略微向前，冰刀完全是平刃落在冰面上。

65
C
65
WARRIOR
bauer

2 基本技术

艾瑞克・卡尔森（上页图左）利用滑冰技巧赢得了一场滑行竞赛。因为想抢到冰球，所以他双手持杆，发力脚的整个刀刃都与冰接触。卡尔森的肩膀和头部垂直于行进方向，背部挺直，身体略微前倾。当翁德雷・帕拉特（上页图右）伸杆抢球时，他的上半身向前伸得太远了，与卡尔森不同，他的重心并没有超过他的发力脚和滑行脚，这在关键时刻降低了他的速度。

平滑冰

前跨步

无论带球与否，球员都必须能够沿直线尽可能快地向前移动。在很多情况下，不带球的直线滑行速度是很重要的，例如在比赛中追赶球时，追逐一个对手时，进行前场阻截时，回防守区阻截时，或者进行反击时。最快和最有效的前进方法是使用向前的跨步，先是一条腿大步前跨，然后另一条腿前跨，连续重复。当一条腿在向前跨步时，另一条腿进行滑行。

发力滑行的动作

从冰球滑冰姿势开始，双脚平行，置于身体中心下方，脚尖指向前方。确保两只冰刀的刀刃平行，这样可以最大限度地进行滑行且推动冰鞋发力蹬冰。随着膝盖的弯曲，开始旋转你的蹬冰腿的脚趾向外后侧蹬冰。与此同时，推动整个冰刀内刃，你的发力脚蹬冰，远离滑行脚，使用蹬冰脚的全脚掌发力以便推动整个刀刃均匀用力。用力蹬冰的时候，在伸展和伸直蹬冰腿的同时转动你的臀部和膝盖。通过充分转动臀部和膝盖，发力脚相对于你行进路线的角度就会逐渐增大，跨步结束时，这个角度最大可以达到90度。

记住，当你发力的时候，不仅要将力量引导到滑行脚上，还要把重心转移到滑行脚上。在跨步开

始的时候，重心处在滑行脚上，在连续跨步时更多的重量都加在滑行脚上。将重心转移到滑行脚上并保持滑行腿平衡，使你能够在整个前跨步中保持合理的身体姿势——重心超过膝盖，膝盖超过前脚掌。

发力蹬冰

当完成前跨步时，发力腿基本已完全伸展，与行进路线成 90 度的方向用力蹬冰。用全部刀刃蹬冰启动，脚踝靠近冰面远离身体，充分向冰面伸展完成蹬冰。

脚踝的充分伸展为跨步提供推力，脚踝伸展和最后的蹬冰都应该用冰刀前脚掌的内刃完成。完成蹬冰后一定要完全伸展蹬冰腿。

前跨步时的身体姿态

在向前跨步的过程中，尽量保持头部与躯干的稳定。身体前倾，肩膀垂直于滑行路线，背部挺直。在任何时候，你的滑行脚都应该保持平刃滑行，且与行进方向在一条直线上。通过屈膝来保证重心前倾，超过滑行脚，滑行腿侧的膝盖和手臂应超过滑行脚的脚趾处。当进行发力时，滑行侧的手臂应该向前摆动（但不要超过身体中线）。

保持正确的身体姿势可以使背部肌肉和股四头肌等大肌肉群在整个前跨步过程中增加驱动力量。

蹬冰腿复位

当发力脚的前脚掌蹬冰结束后，需要将其复位到滑行姿势，而滑行脚会变成发力脚。必须尽快完成两者的转换，这样另一只脚就能够快速进行前跨步，保持快速向前滑行。在最短时间内完成复位对于滑冰的速度至关重要。在做发力动作时要通过将重心迅速转移到滑行脚上来复位。在由蹬冰腿转化为滑行腿时，另一只脚快速蹬冰、远离身体，并

左腿发力，右腿复位

❶ 康纳・麦克戴维开始发力，用左脚的整个刀刃均匀推冰。当他继续发力时，他会将他的冰刀沿行进方向向外转动 90 度。在发力结束时，他用前脚掌蹬冰，并通过向下伸展脚踝迫使冰刀更深地插入冰中，从而提高速度。

❷ 麦克戴维的右脚正在从发力中恢复过来。他会将复位后的冰刀贴近冰面，这样他就可以尽快地用这只脚滑行了。

❸ 麦克戴维的肩膀和胸部垂直于行进方向。他抬起头看向目标，背部挺直，身体向前倾。麦克戴维还有一只手（右手）放在球杆上。这只手将向前伸，左腿跨步。他的球杆打击板垂直于冰面并处于两肩之间。

尽可能地接近冰面。单腿支撑的平衡性在整个前跨步中起到至关重要的作用，它能够帮助你迅速转移身体的重心，在复位过程中使滑行和发力最大化。

力量的交替

一旦你将发力脚复位并且用滑行脚发力，那么你就完成了一个完整的发力交替。

启动

脚位于身体的下方并踩在冰刀的平刃上，这种站姿会增加发力时的力量。

初始蹬力

初始发力，腿向外转开始跨步，膝盖弯曲以增强发力，匀速蹬踏整个冰刀。

发力

继续匀速蹬踏整个冰刀，然后只使用冰刀的内刃，与此同时，重心从你的足跟过渡到脚掌，为最后的蹬冰做准备。

完美的滑行

艾瑞克·卡尔森完成了右脚蹬冰并且用左脚优美地滑行。卡尔森滑行的重点是平刃滑行（驱动力的充分转换）和适当的膝盖弯曲，身体重心稍稍越过滑行脚（重心使滑行变快）。保持与行进方向垂直且滑行脚指向前方，可使滑行效率更高。

重复整个过程直到你到达目标处，不管你是想赶上一名球员还是想突破防守。

速度提示

正确的姿势及股四头肌、肌腱等和核心区的良好锻炼将帮助您获得速度，以下提示也有助于速度的获得：

❶ 有效滑冰：保持头部和躯干静止，肩膀垂直。

❷ 滑行与力量一样重要。在平刃上滑行并使膝盖深弯曲。

❸ 在跨步时如果没有立即拿球的机会，上手应该放在球杆上。

❹ 如果你正在寻找穿插的机会或即将进入冰球战斗，你的双手应该在你的球杆上。不要左右移动你的手和球杆，跨步时按顺序将它们移回前面。不要让你的手臂穿过身体的中心线。

❺ 保持球杆的打击板垂直于冰面并处于你的肩膀中间。

前进更快的秘诀

你可以在每个跨步结束后通过伸展你的脚踝来改善你的前跨步。当你的发力腿几乎完全伸展时，你的冰刀的后跟仍然在冰上，并且你的脚与你的行进方向相互垂直，用脚跟向下蹬冰并抬起。接下来，将驱动脚的重心从足跟过渡到前脚掌，同时向下伸展脚踝远离你的行进路线。这会将你的脚掌推入冰中并产生蹬力，推动你快

蹬冰

从你的脚掌处，努力向下蹬冰。这是为了加速使你的脚踝向下伸，远离你的行进方向，迫使你的冰刀插入冰中。

滑行到跨步

在整个跨步过程中，你的滑行脚要放平，重心在冰刀前面，以保持你沿直线滑行。当你的驱动脚复位，开始用你的滑行脚跨步——逐渐将它从你的行进方向向外旋转 90 度——来设置你的发力。

速前进。重心由足跟过渡到前脚掌的技术与有些运动的技术大致相同，如篮球运动员和跳高运动员用其练习弹跳，短跑运动员用其练习快跑。重心由足跟过渡到前脚掌，以及通过大幅度伸展脚踝来增加脚掌蹬力，这些最终都会增加球员在每个跨步结束时的蹬力。

注意事项

如果你的手臂在跨步结束时摆过身体的中线，就会迫使你的冰刀后刃离开冰面，会让你无法从足跟过渡到前脚掌发力，这将大大减少你蹬冰的力量。另外，如果运动员双手在胸前握杆，且蹬冰时双手在胸前横向摆动，他将不能有效地蹬伸脚踝；正确的做法是，手臂应随着跨步的顺序，前后协调摆动。更需要注意的是，球员要在支撑腿平衡支撑的时间内充分完成脚踝的伸展动作，而不是降低蹬冰的幅度和速度。很少有年轻球员掌握这一技术，如果掌握，它便可以让你在直线滑行中领先对手。非常重要的前提是，你的冰刀要足够灵活，这可以让你更充分地伸展脚踝。

向前滑行

你需要在冰面上用双脚以一定的速度向前滑行。在防守时，如果你与其他队员发生碰撞和接触，保持双脚与冰面的接触，可以使你保持良好的姿势，并在接触前保持身体的稳定；在进攻时，如果你处于一个良好的位置，并且想要向前移动，例如，你位于对手后面或处于扇形的得分区内且有一个良好的射门位置时，你可以在滑行时加速。

开始滑行

在滑行的时候，为了从你正在移动的位置或站立的起点最大限度地提高速度，你必须将你的体重均匀地分布在足跟和前脚掌上并用平刃滑行。如若在这个位置加速，重心需要前后移动，双脚交替进行。这是一个横向或侧向的重心转移。

双脚滑行

❶ 克劳德·吉鲁正在双脚向前滑行。他的重心加在同侧，意味着他的同侧脚是主要的滑行脚。吉鲁在正手侧用球杆控制着冰球，他可以用外侧脚发力、传球或射门。他正在舒展身体以增加他的可视范围。

❷ 滑行时，吉鲁的外侧脚也充当发力脚。他外侧脚的冰刀从左到右并不完全是平的，并且他施加在外侧脚冰刀内刃的压力使他能够发力，同时保持他的重心超过他的滑行脚。这使得他在双脚滑行时能提高速度。

❸ 吉鲁的膝盖是弯曲的，当他侧向将重心从一条腿转移到另一条腿上时，他可以轻松地左右摇摆。

通过控制膝盖的弯曲来上下调整重心，也可以加快滑行的速度。

做这个动作时，可用双脚交替跨步，蹬冰脚复位时触碰滑行脚，然后滑行脚在下一次跨步时伸腿蹬冰，完成完整蹬冰动作后恢复最初姿势。你需要始终保持双脚接触冰面，并在进行跨步动作时始终保持平刃滑行。

足跟的推力

当你在冰上使用双脚向前滑行时，可以通过足跟发力来获得最大速度：使用冰刀的内刃蹬冰，并使用平刃在冰面上滑行（滑行轨迹看起来像半月形，或字母“C”形），足跟蹬冰的力度取决于你对速度的要求。足跟蹬冰的时机同样关键，当发力脚在你的身体下方或接近身体下方时，你必须蹬冰，以确保你的身体重心超过发力脚。

为了达到最快速度，你需要使用冰刀的足跟位置发力蹬冰，而此时蹬冰脚的前脚掌负责平刃滑行（此时另一只脚也在冰面上滑行）。如果你的重心全压在足跟上，滑行的距离就会缩短。

足跟推力练习

这是个通过足跟发力和滑行，围着放在冰面上的球杆进行转圈滑行的练习。首先，把你的球杆放在冰上，双脚并拢，处于滑冰姿势并和球杆平行，向远离球杆的方向向外转动脚趾 90 度。在这次训练中你的外侧脚是发力脚，始终使其保持与冰

面接触，通过足跟的内刃蹬冰向前滑行。接下来，伸展发力脚使其远离你的滑行脚。然后将发力脚收回身体下方，与滑行脚并在一起。记住，要让双脚始终保持在冰上。重复这个过程，确保你在蹬冰的时候，双脚都是平刃滑行。

足跟伸展和复位

当你结束发力时，滑行脚用平刃滑行，你的发力腿从前到后完全伸展。通过足跟发力保持直线滑行，能最大限度优化你的滑行并避免你的双脚前后“绞”在一起。

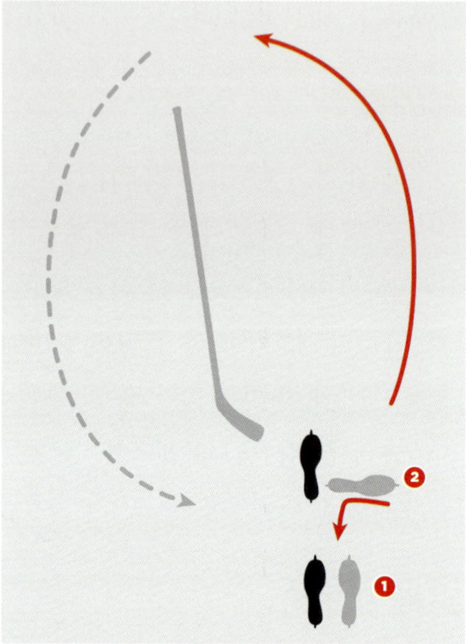

足跟推力练习

向前上交叉步和下交叉步

当双脚向前或侧向滑行时，你可以使用带有下交叉的上交叉步来增加向前移动的速度。你可以在静止启动，在转弯或沿弧线向前，在急转弯时加速或在以某角度向前或侧滑时使用该技术。球员康纳·麦克戴维在整个向前滑行中，通过线性上交叉步获得了极快的速度。

双脚发力

进行交叉动作，先用外侧冰刀的内刃蹬冰，随后抬起这只冰鞋跨过内侧冰刀。快速用下交叉步跟随该动作：转动内侧冰刀的脚踝，用交叉步中处于下面的冰刀的外刃蹬冰。

充分伸展脚踝(此时发力腿已经伸到最外面了)，整个脚掌发力将刀刃压入冰中，产生更多的推力。

在做上交叉时，要选择短而快的跨步发力。在发力结束后，伸展发力腿（特别是在转弯结束后）。

冰刀在冰上停留的时间越短，交叉复位越快，你蹬冰的力量就越强。使用交叉步，双脚可以一直为滑行发力。如果你想移动你的冰刀，就要尽量把双脚放在身体下方，这可以让你尽可能多地利用自身的体重增加推力。

提高速度时的节奏

当你有节奏地弯曲膝盖来上下转移重心并进行发力及伸展腿部时，可以为交叉提供足够的速度。这是因为弯曲膝盖将重心移到你的发力脚上，能使更多的刀刃面积都处在冰上，增加蹬冰力；球员将此称为“反弹”。反弹的关键是上下移动你的重心，但仍然保持你的冰鞋在冰面上或接近冰面。

上交叉到下交叉

❶ 康纳·麦克戴维通过线性交叉产生速度滑到他的反手侧。他的上交叉脚跨过内侧脚的同时，保持他的上交叉脚（外侧脚）非常靠近冰面，使得外侧脚可以有效、快速地复位并快速重复跨步。

❷ 麦克戴维的下交叉脚（内侧脚）差不多完成了在上交叉脚下的发力。他正在用冰刀的外刃蹬冰，伸展脚踝，用前脚掌向下发力将冰刀踩入冰中。

❸ 麦克戴维弯曲膝盖，这样可以让他在做上交叉和下交叉时上下转移重心，使得发力最大，并确保在做上交叉和下交叉蹬冰时尽可能多地将冰刀作用在冰上。

❹ 麦克戴维正把他的上手移近身体（但是从臀部伸出来），抬头朝向行进方向。当他继续沿转弯的轨迹滑行时，肩膀和胸部会垂直于行进方向并且球杆打击板将处在他的肩膀之间。

球杆位置

球杆放置的位置总是能决定你的手与身体的姿势，上交叉步没有什么不同。

球杆的打击板应始终在你的两肩之间，且两肩是垂直于你的行进路线的。因此，如果你正在冰面的一个圆圈上做交叉步，你要看着圆圈，但是球杆的打击板应该在圆圈上及身体的前方，而不是指向开球点。当交叉到你的反手位时，为了在此姿势下放置打击板，要让上手远离身体。当交叉到正手位时，可将上手置于身体内侧，也可从前绕过身体。这将增加交叉时的滑行和速度，帮助你保持控球。这两个姿势都与你在做急转弯时的姿势非常相似。

上交叉步

向转弯的方向倾斜你的身体，交叉脚的脚掌用内刃推冰，尽可能地靠近冰面和被跨越脚。

下交叉步

当你的外侧脚跨越时，转动你的内侧脚脚踝，这样你就可以使用冰刀的外刃在上交插脚的下方用脚掌蹬冰，迅速将脚收回弯道的中心处，这样你就能再做下交叉了。

后跨步

所有的球员都应该有向后滑行的能力，并且还要保证平衡与速度。如果你在防守时，后撤的速度能跟得上进攻队员的速度，你就可以保持最佳的防守位置。在比赛中，前锋经常运用向后滑行来向射门位置移动，特别是在前场阻截或在防守过程中抢占有利位置时。适用于向前滑行的滑冰原理也适用于后跨步，唯一不同的是，后跨步的蹬冰力来自前脚掌，而不是足跟。

发力

滑行开始时双脚并拢并平行，膝盖弯曲，背部挺直，足跟朝下停在冰面上。发力腿脚尖向内，这代表着你将用这条腿进行发力。随后用发力脚的内刃向后蹬冰，这种跨步就像足跟向后蹬一样（只是向后蹬），应该会产生一个半月形或者字母“C”形的轨迹。在前脚掌上施加尽量大的力，特别是在滑行刚开始进行跨步的阶段。

发力

脚趾向内翻转，刀刃平放在冰上，发力脚的前脚掌推动冰刀的内刃向后蹬。不要抬起你的足跟，你的推力应该是全刃蹬冰，作用力在你的前脚掌上。保持你的足跟在冰上，就能在蹬冰的时候用足跟滑行，你的滑行会更快。

跨步

发力后，继续用力向身体前伸展跨步腿。你会注意到行进的速度越慢，步幅就越大。随着行进速度的加快，前脚掌的蹬冰也越直，脚向外蹬冰的距离也不会太远。一定要保证你的滑行腿在身体下方直线前进，足跟朝下进行滑行。这可以让你利用体重的优势加快滑行速度。跨步结束后，将跨步脚收回你身体的下方，向滑行脚处靠拢，这被称为“推冰和靠脚”，它确保你可以完成一个完整的跨步动作。在滑行脚开始准备跨步时，蹬冰的脚已经收回并准备滑行，后跨步时，双脚需要始终保持与冰面接触。在这个过程中，你可以像在向前滑行和向前跨步时一样上下或者左右转移你的重心。

注意事项

一定要集中你所有的力量尽可能快地向后沿直线滑行。当你的发力脚进行跨步时，滑行脚必须在身下沿直线滑行，你的肩膀必须垂直于前方，这样你就可以朝反方向滑行了。这将确保你每次跨步都可直线向后，而不会左右乱晃。

向后跨步时，运动员最常犯的错误就是足跟离开冰面。足跟离开冰面会使你失去运用足跟加速的动力，以及保持向后滑行的优势。其他常见的错误是没有充分蹬伸发力腿，导致其没能最大限度地增加蹬冰力；不能在身体下方完成双脚靠拢，因为这种方式能最大限度地将体重施加在滑行脚上。

后跨步和滑行

❶ 内森·比尤利的头向上抬起，并且肩膀垂直于行进方向的反方向；他的后背挺直，身体前倾。

❷ 他的双手处于滑冰姿势。滑行腿的膝盖弯曲，以保持他的重心超过滑行脚，获得更好的滑行和稳定性。

❸ 他的滑行脚沿直线向前滑行，并且是平刃滑行，以保证滑行效果最好。

❹ 他的跨步腿是中等跨步，足跟和前脚掌仍然与冰面接触。比尤利使用“C”形切冰开始他的跨步，然后将发力脚的足跟保持在冰面上，同时伸展脚踝，用前脚掌向下施加压力。

后跨步结束时的动作

通过伸展你的发力腿（用平刃），继续在你的身体前面向外蹬冰。为了在跨步腿复位之前增加速度，在步幅结束时向前伸展你的脚踝并用脚掌向下蹬冰。使用你在向前跨步中学到的过渡方法。前后使劲摆动手臂与跨步腿配合将会提高速度。

向后急速跨步的秘诀

如果想最大限度地提高向后的速度，你必须学会使用脚踝增加动力。在你要跨步时，双脚并拢，弯曲脚踝。脚踝的伸展将持续到跨步动作结束。在每一个跨步开始时，使用前脚掌向你行进的相反方向用力，从而产生推力。这种推力通常被称为“C”形切冰。然而，当你获得速度后，前脚掌处的蹬冰动作幅度会变小。最大限度地从脚掌处获得蹬冰力的关键是将脚踝用力地向下蹬冰，迫使身体向后用力，使身体沿相反方向移动。

背向交叉步

无论你是向前滑还是向后滑，转弯的能力都很重要。做一个反向交叉可以让你在转身时加速，帮助你快速地到达一个合适的防守位置；在进攻中，这可以为射门和传球创造机会。你可以在许多动作中使用背向交叉步来加快速度，如向后滑行、向侧后滑行和过渡滑行。

用下交叉步向后侧滑

❶ 科尔顿·帕雷科正在用背向交叉步侧向移动，并保持与进攻前锋垂直。他抬起头并看着进攻者。他的背部挺直，身体前倾。他球杆的打击板立在冰上并处于肩膀之间。

❷ 为了下交叉脚尽可能多地蹬冰，帕雷科正在转动他的脚踝来使整个冰刀的外刃贴在冰上。他通过伸展脚踝并用前脚掌发力侧向向后蹬冰，将冰刀蹬入冰中。

❸ 来自下交叉脚的蹬冰力使帕雷科移到右边。为了接着朝这个方向前进，当下交叉脚复位后，他会让这只脚侧滑到右边，站稳后朝身体方向“拉”冰，同时执行另一个下交叉跨步并用右脚蹬冰。

❹ 当帕雷科的左脚触到冰时，它会成为滑行脚，送他向后滑。将这只脚一直放在冰上给了帕雷科速度和稳定性。

不是上交叉

这项技术不是上交叉步——它是一个下交叉。不同于向前转弯，当向后转弯时，你是将脚插到另一只脚的下方。下交叉时，你的滑冰脚（外侧脚）一直停留在冰上，最大限度地提高滑行速度和稳定性。甚至，你的发力脚也离冰很近，因为你不需要抬起它并越过你的滑行脚，这是一个非常有效的滑冰动作。

设定姿势

当你处于滑冰姿势向后滑行时，身体需向你转弯的内侧倾斜。保持肩膀垂直，把头转向转弯的内侧，这样就能看到你的行进方向。如果你正在带球或球在自由运动，你要保持滑行时双手持杆，或者只用上手持杆。

推和拉

你的内侧冰刀应该作为主要的推动力完成动作，而外侧冰刀应负责滑行并提供稳定性。开始背向交叉跨步时，你要用内刃用力向外蹬冰完成转弯，记得用整个刀刃蹬冰。接下来，用内侧冰鞋的内刃“拉”你刚刚蹬出去的冰。这通常被称为“推和拉”。

下交叉

当你的发力脚插到滑行脚的下方和足跟的后方时，滑行脚保持平刃滑行。前脚掌发力，用冰刀的外刃蹬冰完成发力。向下伸展脚踝可以获得更大的蹬冰力，迫使你的刀刃插入冰面。

推冰和蹬冰

当你的内侧冰鞋逐渐靠近外侧冰鞋时，你需要将其在你的身体下面及外侧冰鞋的足跟后面插过来完成推冰和蹬冰的动作。做到这一点，要逐渐弯曲你内侧腿的膝盖，这样你的内侧冰刀的全刃可以在冰上推冰。同时，转动你内侧的脚踝，因为冰刀是在你的身体及外侧脚的足跟后面发力，这样你的冰鞋就会从内刃侧向过渡到平刃，然后再过渡到外刃。

当你跨过身体下方的内侧脚时，你应该用冰刀外刃蹬冰；当你继续推冰超过滑行脚的足跟时，你需要伸展你的腿并蹬冰。在发力结束时用脚掌使劲蹬冰，并且伸展脚踝充分蹬冰。

复位

蹬冰彻底结束后，要迅速移动发力脚到某一位置复位，这一动作仍被称为“推和拉”。此时你正在控制冰刀滑向转弯的内侧。复位时，尽量让你的发力脚贴近冰面。记住，你是用同一条腿（内侧腿）重复跨步。

冰上滑行

通过推和拉、推冰和蹬冰及复位，你的外侧脚（滑行脚）始终保持在冰面上。为了最大限度地加速，要确保用冰刀的平刃滑行。适当的身体姿势将使你的体重均匀地分布在冰鞋上并且是平刃滑行。你的发力腿（内侧腿）和滑行腿（外侧腿）都需要大幅度屈膝，这有助于滑行、平衡和发力。你的滑行脚必须有效地滑行，以便你在向后转身时的加速度最大。

侧滑和急停

每个运动员都需要有急停的能力，但这并不意味着在比赛期间运动员会完全停止滑行。有时你会想要在某一位置暂停一下；有时急停是改变行进方向最有效的方法之一；有时由于空间较小，你也可以运用该技术来执行战术。

侧滑

侧滑可以在急停前使用，也可以在动作转换时使用，例如从前进到后退的动作、向前加速的动作。你还可以将它作为一种带球或不带球时的侧向移动技术使用。

侧滑时双脚要一直与行进方向成 90 度，此外，惯性会带着你向初始方向前进。有时这个动作会非常快，例如向前加速时的动作；有时在滑行时表现得更为明显，例如两步急停。最难学的技巧是在不间断滑行中保持更长距离的侧向滑动，此时你需要弯曲膝盖并准备发力。

为了从向前滑行过渡到侧向滑行（两只脚在冰面上平行滑行，脚趾指向你行进的方向），你需要让双脚和身体与你的滑行方向成 90 度。要做到这一点，你需要伸直双腿，上移重心，不再向前滑行；冰刀上压力的减轻可以使你轻易地转向与行进方向相反的方向。一旦完成转身就不要再对冰鞋施加压力，这样你就可以停下来。你要做的是保持双腿伸直，使冰刀上的压力进一步减轻。非常重要的一点是，两脚

的冰刀都要保持平刃。

你对冰刀施加的压力越小，遇到的阻力就越小，滑行就会越轻松。冰刀上的压力能够产生足够的拖拽力，阻碍你的侧向滑行并最终使你停下来。在新浇筑的冰面上，侧滑动作会留下两个平行的刮痕，看起来像喷射气流的形状，这一痕迹会在你冰刀后滑的中心处截止。随着你越来越适应侧滑动作，你可以练习在滑行中屈膝。屈膝侧滑是在动作转换时最佳的加速方式。膝盖在滑行结束时弯曲可以保证你在启动时腿部的驱动力最大。

双脚急停

双脚急停要求双脚都要侧向滑动，在冰刀上不断施加压力，由此在冰面上产生拖拽力直到滑行停止。

向前滑行时，如要做急停的动作就要将双脚转向侧向滑行。一旦进入侧向滑行阶段，就要通过屈膝将重量压在冰刀上（竖直方向的重心转移）。屈膝程度越大，施加在冰刀上的压力就越大；屈膝速度越快，压力发生作用的速度也越快。这需要你控制急停的时间和位置。停止向前行进时，你应该向前进方向的反方向倾斜身体，并且不断向前脚的内刃和后脚的外刃施加压力。

双脚急停

❶ 克劳德·吉鲁的身体向远离行进的方向倾斜，以增加他的外侧脚内刃和同侧脚外刃的压力，然后转入侧滑双脚急停；他的肩膀和头部与滑行方向保持一致，这一点很重要。

❷ 他正在使竖直方向上的重心转移（膝盖弯曲）来对他的冰刀施加压力，这有助于他执行双脚急停。

❸ 吉鲁的脚略微交错，这有助于他稳定自己，但这也表明他可能会在加速和减速中使用双脚急停战术，使他可以摆脱防守者。

❹ 针对吉鲁的减速，防守者正在执行从后到前的转换以保持紧密的距离。他使用两个冰鞋的内刃来停止自己的向后移动并快速转换成向前移动。

运动员在行进过程中需要一定的速度才能充分做到这一点。记住，滑行时让双脚靠近，以便在急停时有效地使用刀刃。继续练习时，使用后脚的冰刀外刃进行急停会更加舒适。你应该不断提高技术，争取双脚靠在一起急停。

当你掌握了侧向滑行后，你将能够确定在转动身体之前滑行需要的时间和在停止之前侧向滑行需要的时间。从滑冰开始到停止的过程非常快，所以在冰面上滑行的时间要非常短。

你可以在上身不转动的情况下用双脚来急停。相反，急停时你要通过转动腰部以下的部分使肩膀与前进方向保持垂直。在比赛中你可以以这种方式急停，尤其是在寻找传球或反弹球机会的时候。

向前快速启动

当你在追赶冰球或是摆脱防守队员时，从停止或向前滑行状态突然快速加速会让你占得先机。许多冰球争夺都发生在小区域内，比如在进攻区域内的前场阻截和争夺球。球员在这些小区域内的敏捷度甚至要比其在全场范围内的加速能力更重要。

启动有两种类型：V 启动（或足跟向内启动）和交叉启动。

V 启动

V 启动时，你要与前进的方向成直角，足跟向内，脚趾向外。身体前倾，深度屈膝（低于你正常前跨步时的位置），足跟在身体下方，这样你就可以用体重来最大限度地增加冰刀的压力。启动时，用前脚掌带动冰刀的内刃发力蹬冰。

交叉启动

交叉启动时，双脚平行，冰刀和身体与你想要行进的方向成 90 度。同样，膝盖弯曲程度比标准跨步时要大，体重应该均匀地分布在冰刀上。后脚先做一个交叉——脚掌全力蹬冰。

当你的后脚交叉上来时，立即用前脚做下交叉，用下交叉脚的脚掌带动冰刀外刃推冰。当你通过交叉和下交叉移动时，转动你的上半身，直到肩膀垂直于你的行进方向，并准备好向前跨步。

交叉开始

❶ 谢伊 · 韦伯的肩膀垂直于行进方向，他的手臂处于打冰球的姿势，正确地握杆以处理冰球。

❷ 通过将左脚在右脚下做一个交叉，韦伯几乎用他的左脚完成了初始发力。他的发力来自前脚掌处冰刀的外刃。

❸ 韦伯的右脚用平刃钉在冰面上。通过脚掌带动冰刀的内刃向外发力继续完成快速启动，此时冰刀转到与行进方向成 90 度，这样可以使蹬冰力最大。

启动后的技术

采用这两种方法时，你可以使用三种不同的技术来帮助启动：

❶ 立即大跨步；

❷ 脚掌发力，先向前跑三步，然后再大跨步；

❸ 脚掌发力，快速向前跑两到三步，然后再开始跨步，先是小跨步，然后是大跨步。

一些球员在采用立即大跨步启动的方法后获得了巨大的成功，前提是他们的发力脚能够快速完全复位。这种启动方式适合体形较小、体重较轻的运动员。在采用立即大跨步启动技术之前，其他球员通过三步助跑启动技术取得了更大的成功。大多数运动员的理想启动方法是第三种技术，因为它结合了快速助跑启动和小跨步技术，能够保证发力脚快速复位。但是，你应该尝试这三种启动技术及两种启动方法，以确定哪种方法最适合你。

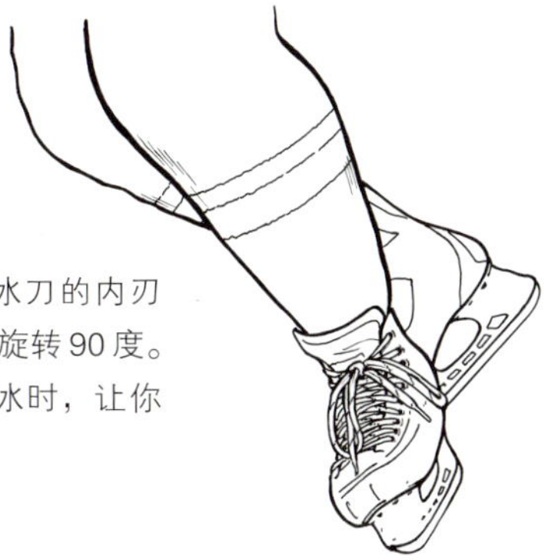

V 启动

当你用发力脚的脚掌带动冰刀的内刃均匀地向外推时，发力脚要向外旋转 90 度。当你准备好进入下一次发力蹬冰时，让你的另一只脚靠近冰面。

交叉启动

当你用后脚做上交叉时，你的肩膀要与行进方向成直角。打击板朝向身体的中心。注意，上交叉脚的脚趾要略微向外转动。落地时，要准备好用脚掌带动内刃蹬冰。在第一次跨步之前，你的前脚将完成一个下交叉。

注意事项

至关重要的是，你必须用前脚掌而不是脚趾将力传递给冰刀内刃以完成启动。这可以确保你的脚趾能尽可能地向外转动，使你的冰鞋与你的行进方向接近 90 度，让你可以用更多的刀刃及更好的角度向外推冰。当你使用助跑或短跨步启动时，不要伸展脚踝，因为这样会延迟发力脚的复位。一旦开始大跨步，你就应该在每个跨步结束时尽量伸展你的脚踝来增加推力。手臂朝着你的行进方向向前挥动。在助跑或做短跨步时，适当地挥动手臂有助于你加速。

将脚快速复位是快速启动的关键因素。你必须快速地移动你的双脚并保持良好的技术，以确保启动时的爆发力。

向后快速启动

快速、直接地向后启动可以影响比赛结果，它可以终止一次进攻或让对方球员冲过去，甚至是更糟糕的情况——让对方球员单刀突破。它也可以帮助你快速进行射门或传球。

从启动到交叉

要向后快速启动，就需要进入冰球滑行准备状态，并转动下半身，使你的双脚平行并与你想要行进的方向成 90 度。把重心转移到你的脚掌上——这将成为你的发力脚。膝盖深度弯曲，向外推动发力脚，使发力腿向前伸展。压力施加在你的冰刀内刃上，从足跟过渡到脚掌，向外及向下充分伸展脚踝，用脚掌带动冰刀的内刃向正后方蹬冰。

向正后方蹬冰后，将发力脚从冰上抬起并跨过滑行脚，让它在身体下方转动，这样你的足跟就会指向想要行进的方向，你就可以向正后方滑行了。

下交叉及跨步

一旦你的发力腿做完上交叉后落地，就可以与滑冰腿进行下交叉。用你的脚掌带动冰刀向正后方推冰，并将你的腿伸展到上交叉腿的足跟后面。当你的腿完全伸展时，将脚踝向下推向冰面，最终使脚掌带动冰刀的外刃向外蹬冰。在做下交叉时，用你的上交叉脚向后滑行。

快速复位你的下交叉脚到身体下方并使其处于滑行脚旁边，让你的冰鞋靠拢在一起（就像你在做推冰和靠脚一样）。用你初始发力脚的整个刀刃向后跨步，把你的腿完全伸到身体前面。伸展你的脚踝，用脚掌带动冰刀的内刃蹬冰。当你向后跨步时，要不停地交替发力脚。

启动姿态

重心转移到你的前脚上，膝盖深度弯曲。整个冰刀的内刃向后推，从足跟到脚掌的晃动能使你获得更多的蹬冰力。

启动时腿的伸展

腿向外伸，这样你就可以直接向后退了。脚踝向下向外伸展，脚掌发力，使冰刀内刃插入冰中。

从上交叉转到下交叉以向后快速启动

❶ 布鲁克斯·奥皮克的肩膀和躯干垂直于其行进方向的反方向。

❷ 奥皮克向外推他的右腿（原来的发力腿）并几乎完成了向后快速启动。当他的右腿触及冰面时，这只脚将成为滑行脚，而左脚将做下交叉并向后蹬冰。

❸ 奥皮克用他的左脚完成下交叉，以前脚掌带动外刃蹬冰。通过转动脚踝使外刃尽可能多地接触冰面，奥皮克完成了下交叉步。一旦这只脚复位，他将用右脚跨步。

上交叉

将发力脚撤回，并跨过滑行脚，滑行脚转动，使得足跟指向你想要行进的方向。

下交叉

原来的蹬冰脚在下交叉后变成滑行脚。将下交叉腿伸展到滑行脚的足跟后面。转动并伸展下交叉脚的脚踝，脚掌带动冰刀的外刃发力。将蹬冰脚收回身体下方、滑行脚旁边，并在发力脚跨步之前将两只脚并在一起。

注意事项

先上交叉，然后下交叉，最后是后跨步，这个动作顺序是很重要的，因为这条技术动作链将使你通过向后快速启动尽可能地沿直线滑行。

这是一套非常复杂的动作。为了帮助你完成动作转换并运用正确的滑冰姿势，你可以认为“上交叉—下交叉—跨步”与你的移动方向相关，“内刃—外刃—内刃”与你冰鞋的刀刃蹬冰相关。同样重要的是，在你完成下交叉之后，要把你的双脚放在身体下方并靠拢，确保你的第一个后跨步是完整的。

控球

转动手腕

转动手腕是处理冰球时最基本的动作。当你转动手腕的时候，你用球杆的打击板创造了一个环抱或包住的效果，这样你就可以控制冰球了。你必须能够转动你的手腕，以增加控制及移动范围，这一技术在你向外运球时是非常有用的——也可以帮助你执行更高级的控球技术。重要的是，你要使你的手和手臂在不同位置的情况

包住滚动的冰球

❶ 布伦特·伯恩斯用正确的上手握杆方式握住球杆，并且转动手腕，在正手位包住冰球。

❷ 伯恩斯的下手松松地握住球杆，使得球杆柄能够根据需要转动。他正在转动手腕，以帮助他在近身处处理冰球并包住冰球。

下熟练地转动手腕，以掌握高质量的处理冰球的动作。

练习

为了使打击板环绕住或朝向冰球，你必须通过转动手腕来转动上手。以下是学习如何转动手腕的最佳方法：

❶ 当处于打冰球的姿势时，冰球在你身体前方中间的位置，双手握住球杆，把打击板的后部放在冰球上。

❷ 转动你的上手使打击板的尖部一面接触冰球，另一面接触冰面。在做第一次练习时，下手握杆要保持放松，这样你可以感觉到球杆在你的手掌中转动。在做第二次练习时，下手握得紧一些，可以和上手同时转动。练习转动手腕就是不停地重复该动作。

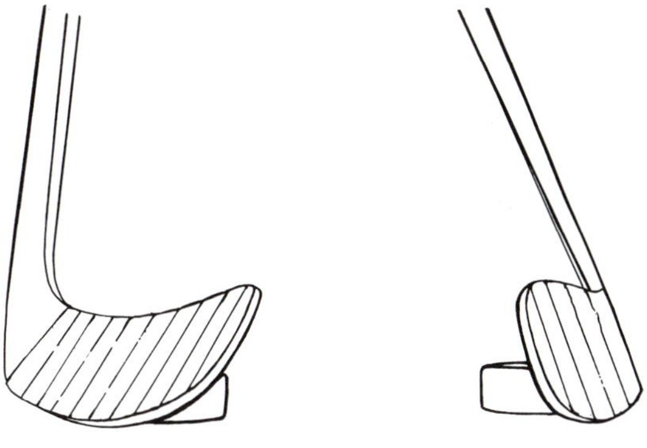

打击板转动

为了在正手位和反手位包住冰球，正确地转动打击板是控制冰球时的基本动作。

❸ 试着只用你的上手转动球杆，然后换成只用下手转动球杆。使用正确的握法并转动手，使每只手的手掌先朝上然后再朝下。

方法

为了控制冰球，以打冰球的姿势站立，把冰球放在身体前方中间的位置并转动手腕。首先把球杆立到冰球的旁边，然后轻轻地举起球杆越过冰球，交替用打击板的正面和反面包住冰球。当你还没有把球杆举起越过冰球时，打击板和冰球之间应该有很多接触，控制冰球处于打击板的中间。随着技术的不断提升，你可以练习用打击板的尖部和跟部处理球，在这一过程中，要一直保持打击板垂直于冰面。

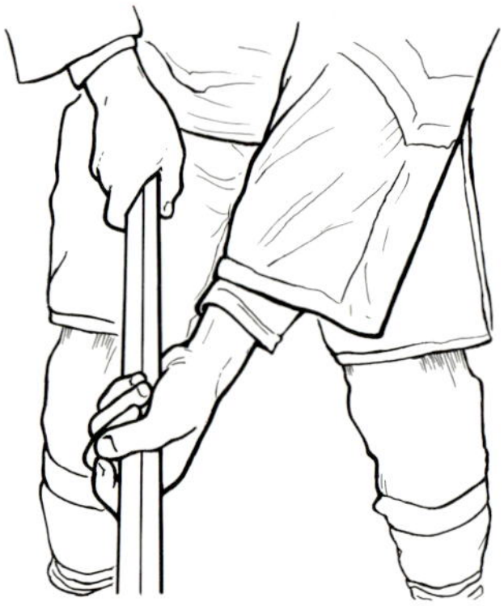

反手

当处于打冰球姿势时，要用正确的手和手腕姿势在反手位包住冰球。

正手

当处于打冰球姿势时，要用正确的手和手腕姿势在正手位包住冰球。

伸长球杆

处理远离身体的冰球时，无论是正手侧还是反手侧，都需要一个重要的工具来帮助你护住冰球，让你改变进攻和射门的角度。

伸长正手发力

❶ 康纳·麦克戴维通过将下交叉步和伸长正手相结合发力绕过他的对手。麦克戴维已将他的下手沿球杆柄向上移，以扩大他的触及范围。他可以通过从球杆上拿掉上手来更远地护住冰球，并用球杆抵挡住防守球员。要做到这一点，麦克戴维需要转动下手手腕，让手掌朝下。当他拿到冰球后，他会用打击板包住冰球。

❷ 麦克戴维的上交叉脚即将接触冰面。落冰后，他将继续深度屈膝，并将他的手和胸部向下移动，靠近冰面，处于膝盖上方。这将使他能够进一步地向外伸杆，并将冰球包住，防止被防守者抢到。

❸ 当麦克戴维的下交叉腿收回时，这条腿将处于他和防守者之间，为冰球增加了另一层保护。

注意事项

当正手向外伸杆时，很重要的一点是将你的上手推到下手前臂的下方，这样球杆的打击板就会垂直于冰面并且尖部指向前方。大多数球员将球杆伸到最远处时，他们的下手与上手的距离接近一个拳头的长度。当球杆伸到正手侧时，你就可以传球或射门了。一些优秀球员在将球杆伸到最远处时，他们的下手能够触碰到上手。在反手位，球杆最大伸展时双手触碰到一起是很常见的。从这一位置处能够以任何力量击球绝对是精英级别的技能。

为了增加反手侧或正手侧的伸杆范围，你可以“打断”你的手腕，也就是最大限度地转动手腕。通过转动手腕，可以使球杆打击板向外斜移出足够的距离。为了进一步扩大伸杆范围，你可以降低双手并弯曲最靠近冰球的膝盖。手和身体更靠近冰面可以让你进一步向外伸杆。

正手向外伸杆

把你的上手放在下手的前臂下方，然后向上滑动下手，贴近上手。转动手腕使打击板包住冰球，并通过弯曲你的同侧膝盖，使球杆伸得更远。此外，也可以通过将外侧脚跨过同侧脚来扩大球杆的延伸范围。

反手向外伸杆

向外移动上手，远离身体中间到你的反手位。将你的下手向上滑动，贴近上手。转动手腕使打击板包住冰球，并通过弯曲你的外侧膝盖，使球杆伸得更远。此外，也可以通过将同侧脚跨过外侧脚来扩大球杆的延伸范围。

额外的伸杆

约翰尼·戈德罗伸出球杆来争抢冰球。他通过降低手和胸部，并使它们处于最靠近冰球的膝盖上方来扩大伸杆范围。

传球

传统传球：正手传球或反手传球

冰球是一项团队运动，也是一项控制冰球的运动。为了保持对冰球的控制权，球员要能够精确地传球。优秀运动员的传球能力与接球能力可以使身边的运动员发挥出更佳的竞技水平。

短的正手传球

❶ 科里・佩里在看向目标时是抬着头的。他正在扫出冰球，冰球是从“中线的后侧”扫出来的，前移到达击球点。当将冰球移过他的身体时，佩里让双手远离身体，并沉下下手的肩膀。

❷ 当佩里从他身体的中线后侧（靠近同侧脚）扫出冰球并将其在身体中心（朝向他的外侧脚）的前方击出时，他的腿和脚几乎垂直于他的目标。

❸ 当佩里随挥时，他的球杆的打击板与目标保持垂直。他向上打开打击板，这样他就可以执行平传或飞碟传球了。

方法

以打冰球的姿势站好，冰刀与传球对象成 90 度。随后，转动手腕，将冰球放在打击板的中间部位，头向上抬起并时刻盯住传球目标。当在向前移动中开始传球动作时，将球带到中线（一条在双脚中间虚拟的线）后侧，这个动作会使你的上手在正手传球期间从前绕过身体到你的同侧，而在反手传球期间也需要从前绕过身体到你的外侧。在这个位置，冰球被打击板环抱着并处于中线的后侧，将冰球扫向传球对象时，打击板是垂直于传球对象的。将打击板从冰球处移开，然后球杆随挥将冰球打出去。在做长传球的过程中，转动手腕，打击板对准传球目标将球打出去；在做短传球的过程中，通过移动双手远离身体将球打出去，保持打击板垂直于传球目标。无论是正手传球还是反手传球，上手都要从前绕过身体。

小提示

传球包括静止传球与移动传球。当进行静止传球时，传球者的外侧脚掌应垂直于传球对象。当传球者与传球对象向同一方向行进时，传球者的双脚脚尖要面向传球对象。传球练习主要是进行外侧一只脚或两只脚的练习，特别是同侧脚的练习（比如右脚对右手球员，左脚对左手球员）。在运动中也要练习这些传球动作。

传短球的最终姿势

当将冰球传给距离你较近的队友时，使用短传的击球动作：将你的双手远离身体并保持打击板垂直于传球对象。

你也可以练习快速传球—接球并实际运用一次。记住要尽量保证是扫球。即使是快速传球，也应该通过转动手腕，接住来球并包住它，然后迅速将球扫向传球目标，不要快射。保持上手远离身体同样很重要，这样可以保证你传球的可控性及精准性。反手传球更是如此，很多球员在反手传球时往往因上手离身体太近，导致传球无力和不准确。反手传球的扫球动作和随挥动作将使上手从前绕过身体。

反手传球

德温·肖尔看起来正要做一个反手传球的动作。球已经处于中线后侧，球杆转动包住冰球，并将其扫向传球对象。和正手传球一样，他的肩膀和躯干转动，同时冰刀与传球对象垂直。最重要的是，肖尔的上手始终处于远离身体的位置，用以保证传球的精准性与力量。

同侧脚传球

从同侧脚传球是一种在滑行时进行快速传球的好方法。使用的动作几乎与同侧脚射门的动作相同，这意味着你也可以在假动作之后使用它来传球。

传统传球时你将冰球从后脚扫到前脚，而同侧脚传球时，你要将冰球从你的足跟附近扫到正手侧的脚趾前面。这迫使你的身体垂直于传球方向，而你的脚趾和肩膀都将面向你的传球目标。在传统的传球中，你的脚趾垂直于传球目标。

当球员在向前滑行中想要传球时，他们经常使用同侧脚传球，因为在前跨步过程中传球，同侧脚在滑行而外侧脚在跨步。这样可以保持你的身体垂直于行进方向和传球方向，并允许你带球向前移动。当你想要滑到接球者的前面给球后迅速离开时，同侧脚传球是一个很好的传球方式。

同侧脚快速传球

❶ 布兰登・曼宁在扇形区域内看着雅各布・沃拉瑟克。他的头向上抬起，肩膀垂直于目标。

❷ 曼宁在同侧控球，球与同侧脚的足跟在一条线上。他正在转动手腕，包住冰球。当他将冰球从足跟扫到前面的击球点时，将采用一种快速动作（类似于执行快射）。

❸ 曼宁将手靠近身体，但与臀部保持一定的距离，以便有空间随挥传球动作。

方法

身体垂直于目标，两脚朝向正前方，抬起头，将冰球放在同侧脚的足跟旁边。保持球杆打击板垂直，双手靠近身体。当将冰球移到同侧时，你会很自然地将重心转移到同侧脚上。这将对球杆施加压力，这种压力可以用来传球。（射门时，你会将所有的重量都放在同侧脚上，为射门累积能量。传球时，你可以减少加在同侧脚上的重量并且对球杆施加较小的压力。）双脚用力抓地向前扫球并随挥。对于长传，你要像抖腕射门时那样转动手腕。对于较短的传球，你要通过移动双手远离身体来保持球杆打击板垂直于传球目标。

飞碟传球

有时，你在传球时需要将球越过对方球员的球杆甚至是他们的腿或身体。在这种情况下，你会希望冰球离开冰面向上飞，越过障碍，然后平着回到冰上，传到队友手里。要实现这一目的的最好方式是使用飞碟传球。这种传球之所以得名，是因为冰球在空中的轨迹就像一只飞碟或飞盘。此外，它在空中飞行和落冰时都是平的。

抖腕飞碟传球的击球过程

❶ 奥斯顿·马修斯正在将冰球从球杆的跟部移动到它的尖部，以便执行飞碟传球。为了做到这一点，他将手从左边快速移动到右边，有效地将打击板擦过冰球。

❷ 他正在转动手腕打开球杆的打击板，帮助提升冰球。这是为了配合他正在进行的擦球动作，两个动作一起将冰球从冰上抬起来。他将双手远离身体，因此它们可以自由、快速地活动。当他击球时，手腕可以随意转动。

开始位置：打击板跟部

开始做飞碟传球时，冰球的位置稍稍领先于球杆。让你的双手远离你的身体并从前绕到正手位。冰球处于打击板的跟部。保持打击板张开，膝盖弯曲。

结束位置：打击板尖部

快速将你的手向身体移动，并使其从前绕过身体到外侧。这一动作将使冰球沿着打击板的板面从跟部转到尖部。当冰球到达尖部时，抬起球杆离开冰面并将球杆向外侧挥出。如果你的打击板是张开的并且你的手移动得足够迅速，就可以使冰球转动起来并腾空飞起。

转动手腕挑传

转动手腕挑传是飞碟传球中最简单的一种。开始时张开打击板（关闭的打击板用来包住冰球），冰球此时位于打击板的跟部。开始传球时，你的双手远离身体，肩膀与传球目标成直角，快速将你的手从前绕过身体到反手位。在冰球从打击板跟部转动到尖部的同时，你的双手是朝向身体移动的，在打击板的尖部冰球被松开——这是一个冰球从打击板的板面划过的过程。转动手腕挑传时的力量越大、速度越快（连同打击板的张开程度），飞碟传球就会越快、越高、越平。

当冰球在空中飞行时，左手球员可以使其逆时针旋转，右手球员可以使其顺时针旋转。

快速飞碟传球

接球的球员离你越近，你的飞碟传球就越难。相比较于所有的短传来说，快速飞碟传球更为有效：一个快速的挥杆可以使冰球迅速腾空。当冰球处于远离身体的位置时，通常使用这一传球技术。

快速飞碟传球技术与转动手腕挑传是相似的，不同之处在于做转动手腕挑传时，冰球是从打击板的跟部转到尖部，而快速飞碟传球只需要你用打击板将球快速击出。要做到这一点，需要先将张开的打击板向后移，然后快速向前移，用打击板的跟部将冰球击出。两者将冰球从打击板的跟部转到尖部的方式都是相同的，但是快速飞碟传球的速度应该更快些。打击板划过冰球的速度会帮助你把冰球从张开的打击板尖部快速击出。你的手部动作仍然是从前绕过及朝向身体，但是你的手不要伸得太远，这样可以使你的挥杆速度更快。经过一段时间的练习后，你快速飞碟传球的准确度会高于转动手腕挑传。许多球员在做反手飞碟传球时喜欢使用快速飞碟传球。

小提示

为了练习传球的技术，你需要与队友在外线使用这项技术传球，但要记住，要始终将冰球保持在冰面上。试一试，看你能用手腕将球转得多快。一旦你能够转动冰球并使得冰球在冰面上滑向传球目标，那么你就可以尝试用打击板跟部对冰球进行控制，并且在你松开冰球后用打击板将冰球打得更高，使得冰球在旋转中飞离冰面。最终，你将能够使冰球从冰上飞起来，完成一个完美的飞碟传球。

接球

控制接球的关键是反向复制传球动作。

方法

接冰球很大程度上与接足球一样，你必须卸掉冰球带来的动能。为了做到这一点，你要让球杆远离身体，并在使用打击板“迎”来球的时候轻轻伸展手臂（特别是在接大力传球的时候）。特别重要的是要一直保持球杆置于冰面上，且打击板要垂直于冰面，这将为传球者提供传球目标。在接球时，你要转动手腕“抓住”来球，并使打击板向后移动包住冰球。这样可以卸掉冰球的动能，使你更好地控制冰球。保持上手远离身体，转动上手手腕并使用打击板包住来球，是在反手位成功接球的关键要素。

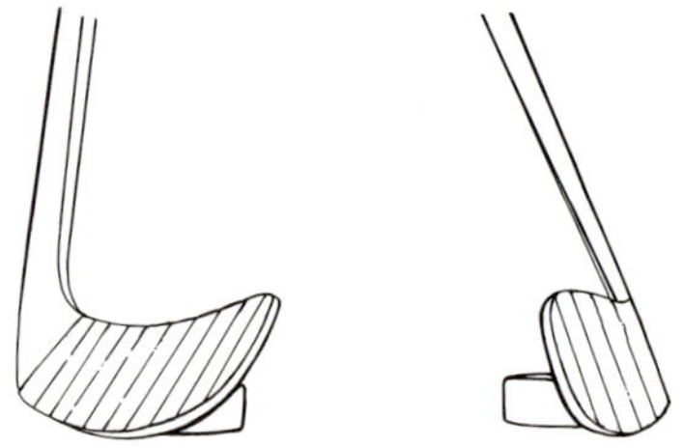

接球姿势

用于接收传球的原则适用于正手和反手。你的打击板应该在接到球后立刻包住来球，通过卸掉来球的动能，帮助控制冰球。

在运动中接球

❶ 当康纳·卡里克向外伸杆去接一个很难接的传球时，他的手使劲向外伸。

❷ 在预判传球时，卡里克的球杆打击板垂直于冰面。接球时，他会转动上手使打击板呈杯状并“抓住”来球。他会朝身体方向和外侧方向移动他的手臂及球杆的打击板，帮助卸掉来球的动能。

接脱靶传球

接脱靶传球的关键在于，保持球杆的打击板一直与冰面垂直，而不是只用打击板的尖部或跟部来接球。

正手接脱靶传球

如果你想接到处于打击板跟部和外侧脚之间的来球，甚至是外侧脚外侧的来球，你必须通过将上手向上抬并远离身体，使打击板移动到来球的位置。身体伏低的同时，下手沿球杆柄向下滑动，保证打击板垂直立在冰面上并与冰球垂直。冰球距离你的外侧脚越近，你的下手沿球杆向下移动得越多，并且你的上手离外

脚边接球

❶ P.K. 萨班的肩膀垂直于来球。他抬起上手和手臂并远离身体，这样他就可以将球杆打击板放在两脚之间，两脚间距离很宽。他的手腕转动，带动球杆打击板的转动，使打击板呈杯状，接住来球。

❷ 萨班的下手处在球杆柄的下部，以保持打击板垂直于冰面。当他转动手腕用球杆的打击板包住冰球时，他的右手肘是顶在胸前的。

侧也越远。

优秀运动员在接球后射门时，会降低重心，有时甚至会将膝盖贴在冰上。接到来球后马上将其击出对击打落在脚边的传球非常有效。

如果由于冰球以很快的速度落在你的脚下，而你没有时间将打击板置于合理位置时，你可以使用冰刀的刀刃接球，然后将其转移到球杆所在的位置或球杆所能延伸到的位置，使冰球可控。调整冰刀刀刃的角度，可以使冰球转向你想让它去的方向。

当冰球在打击板前方时，你可以伸杆向前，移动打击板接住来球，保持打击板垂直于冰球。为了做出这个动作，你需要上手向外，远离身体，使下手尽可能地向球杆上部移动，直到与上手触碰。为了能够使你的球杆伸到更远的地方，可以让下手离开球杆，用上手尽量使球杆向前伸，这样你就可以接到来球。

反手接脱靶传球

如果你想在反手位外侧接住一个在你身体前面或是双脚间的脱靶传球，你需要做出和正手接脱靶球一样的动作。如果球被传到你的打击板跟部与外侧脚之间的位置，尽量将你的下手沿球杆柄向下移，上手从前绕过身体并向另一侧外伸。

如果冰球处在打击板的前方，就按照第 49 页上图中阐述的方法向外伸长球杆。

移动到脱靶传球处

在预判接收一个脱靶传球时，基思·杨德将他的上手向外伸，下手位于球杆柄的下部，使球杆打击板垂直于冰面。他已经抬起同侧脚，在预判来球后，立即移动到传球的线路上接住来球。他将用外侧脚驱动身体滑向新方向。

在你身前的传球

保持双脚在冰面上，上手尽量从前绕过身体向另一侧延伸，扩大球杆的延伸范围。与此同时，下手向上移动，手臂上抬，使打击板与冰面垂直。

如果你正要在反手位接一个朝你同侧而来的、处于打击板跟部和双脚中间的来球，你需要将上手朝着下手的前臂处移动。冰球离你的脚越近，你的上手从前绕过身体的部分就越多，就会越靠近下手前臂的位置。

射门

抖腕射门

这是大多数球员学习的第一个射门动作。这个动作命中率很高，特别是当你抬头看向目标（球门）的时候。

抖腕射门

❶ 迈克·格林的上手非常靠近他的身体。他转动手腕，在拿到球后关闭打击板。

❷ 格林的下手接近球杆柄的下半部分。他的下手开始向球杆柄施加压力，当他伸直下臂时这种压力会增加，并会在整个击球动作中施加更大的压力。

❸ 由于从他的后脚（右脚）传递到他的前脚（左脚）的力量和重量产生的扭矩，使得格林的右脚从冰上抬起。

❹ 在整套动作开始时，格林用他的下手施加压力，使球杆弯曲。

❺ 格林用球杆打击板的中间和尖部之间的部分向外击打冰球。当冰球离开球杆时，格林会在随挥过程中再次转动手腕来关闭打击板。

技术

传统的抖腕射门技术和正手传球技术十分类似。当执行一个基本的抖腕射门时，双脚的冰刀需平行，并与目标垂直。将冰球收到中心线（在你双脚之间，画在冰上的一条虚拟线）后侧，随后在将球向前扫的同时，将重心从后脚（距离目标最远的脚）转移至前脚（距离目标最近的脚）。

手腕是关键

将冰球放到中心线的后面，转动手腕，闭合打击板使其盖在冰球上方，并用打击板的后跟“抓住”冰球。当你向前扫球时，转动你的手腕，向上打开打击板，让冰球向打击板的中间移动。击球时，第三次转动手腕，闭合打击板使其盖在冰球上方，并使用打击板的中间部位朝着尖部方向向外抽球，整个动作是：打击板闭合，打开，再闭合。

重心转移和随挥

当你向后拉冰球时，将手向后移动并略微朝向身体，通过弯曲后腿保持你的重心在后脚上。尽可能舒适地快速将冰球向前扫近你的身体，并迅速将你的重心转移到你的前脚，同时弯曲前腿。从身体中心处击球，并快速向前移动冰刀。通过伸展你的下手，使其朝着目标完成随挥并将你的球杆指向目标。

射门时为了获得额外的速度，击球前你可以在球杆柄上向下压下手（这会使球杆弯曲）。

当发力击球时，这种弯曲会使球杆如同鞭子一样，给予击球额外的力量。

小提示

※ 快速移动手和转动手腕对快速击球和快速射门非常重要。因为在所有的射门中，球杆的挥动速度对射门速度至关重要。

※ 你的下手应该时刻在球杆柄的下部，低于传球或带球时下手的位置。

※ 挥杆前手靠近身体，这样会更容易对球杆施加压力，增加击球的力量。

※ 随挥动作的速度会使击球更有力量。随挥时，下手应尽量伸展，这样除了手臂外，你可以使用更多肌群发力，如核心肌肉和背肌，增加击球力量。

※ 随挥动作可以决定射门的高度。一个高随挥动作和一个打开的打击板会将冰球射得更高，而低随挥动作和关闭的打击板会让冰球飞得较低。

※ 如果可能的话，在射门的过程中尽量保持抬头，这样你就能盯住目标并根据需要调整射门方式。

领先的射门手段

优秀的球员在射门时会用假动作来掩饰射门动作，这通常是指在控球时突然射门，而且是在同侧脚外侧射门。

优秀的球员也会在击球前调整冰球位置，从而改变射门角度。调整冰球位置时，你可以在射门前把球拉近身体，或者使球远离身体。当你想让冰球远离身体时，你可以伸展手臂使其远离身体，也可以将下手移向上手。在这种情况下，击球的力度会减小，但是可以通过调整冰球的位置和击球的角度，制造射门得分的机会。这种技术动作常用于做完假动作后的近距离射门，它的关键在于调整角度后尽快将冰球击出。

反手射门

抖腕射门中使用的原则也适用于反手射门，反手射门会有从外侧脚（后脚）到同侧脚（前脚）的重心转移的过程。除非转移重心，否则很难让你的反手击球有任何力量。许多球员可以在重心均匀分布的情况下在两脚外侧射门，也可以在伸展手臂的情况下在外侧脚处射门，但这些技术几乎都是在接近球门的时候用的，尤其是在做完假动作或快速移动到反手位之后。

在反手位得到冰球

❶ 布拉德·理查德森的上手向外伸，这样当他向前扫冰球时，上手可以自由地从体前绕过胸部。他的手腕转动关闭打击板并盖住冰球。

❷ 在理查德森拉回冰球后，他沉下左肩并低下头，用他的下手拉动球杆，并施加压力使球杆弯曲来完成射门动作。

❸ 当他向前扫冰球时，他将重心从后（外侧）脚转移到他的前（同侧）脚。

方法

要完成基本的反手射门，双脚冰刀需相互平行，且垂直于目标。就像传统的抖腕击球一样，把冰球带到中心线的后面并转动手腕，用打击板的背面包住冰球，使冰球处于打击板的跟部。将冰球向前扫出，转动手腕，打开打击板，使冰球沿打击板的跟部向上移动，并在球击出前再次关闭打击板。

在整个射门过程中，把你的重心从外侧脚转移到同侧脚上。（你同侧肩膀应稍微下沉，弯曲同侧膝盖以转移重心，并将冰球向前推。）集中注意力把冰球环抱在闭合的打击板的跟部和中部之间，然后把冰球从你的打击板中部打出。用闭合的打击板做出随挥动作，下手向球杆施压，并将打击板对准目标。

冰球的位置

关闭打击板，控制冰球向打击板跟部移动。当你将冰球向前扫时，需要将冰球移到打击板的中部，然后从那里击出冰球。

在击球的过程中向球杆柄施加压力，使球杆产生弯曲，并帮助击球。击球时不仅要用手腕，还要用手臂、肩膀和背部发力。你的打击板打开得越多，你的随挥动作就越高，冰球就会飞得越高。如果要使冰球飞得很低，就要关闭打击板，随挥动作也就越低。

击球

击球时，转动你的球杆，使打击板指向你的目标。一个低的随挥动作会让你的球飞得低一些，而一个高的随挥动作会让你的球飞得高一些。把你所有的重量都转移到你的前（同侧）脚上时，可以获得尽可能多的力量来射门。

常见问题

许多运动员在反手射门时犯的一个重大错误就是击球时为了使冰球翻转或抬起而打开打击板。当你距离球门很近时，这是一种很好的技巧，但远距离射门时却不会有效。另一个常见的错误是射门时上手离身体过近，要确保上手向上抬起并远离身体，这样你就可以尽最大的力将球击出。

反手射门优势

※ 隐蔽：击球之前，当冰球被带回反手位时，它可以被身体遮挡住，这让守门员很难判断冰球的位置。在射门前弯曲前腿会使这一招更有效。

※ 欺骗性：在反手射门的时候，守门员几乎无法进行任何预判（除了打击板的角度之外），守门员通常认为反手射门会将冰球打向高处。因此，如果你在随挥动作中转动你的手腕，关闭打击板，并且用低随挥动作使冰球飞得很低，这将会让守门员反应不及时，因为冰球比较贴近冰面。

※ 高角度射门：在靠近球门的时候，反手用打开的打击板射门要比正手更舒服，因为它可以在不改变你身体姿势的情况下快速地把冰球挑起来。你可以用反手先做假动作，然后再将冰球向高处击出。

快射

快射就是快速击球射门，这是你要学习的第一种射门方式。在整个射门动作中，打击板不是一直与冰球接触的，你不需要像大力击射时那样将打击板从冰球处带离那么远。相反，只需将打击板带回一小段距离，有时打击板甚至不需要离开冰面。快射在接传球直接射门时是非常有效的，无论射门位置是在你的身体外侧，还是拖球移动与射门角度变化相结合时。

技巧

快射可以在正手位的任何地方实施，可以像传统射门一样（通过将重心从后脚转移到前脚上），在你同侧脚外侧或双脚外侧处射门。

当你把打击板从冰球上拿开后，要立即将爆发力作用到冰球上，用打击板的中部击打冰球，使冰球快速向前。

手腕是关键

接触冰面时，球杆的打击板应该与冰面垂直。打击板在击球之前会先击中冰面。

击球的时候，迅速转动手腕，关闭打击板，随后打开打击板，最后再闭合打击板——动作与抖腕射门时一样。你必须快速转动你的手腕，因为手腕动作要和打击板“移动”冰球的动作相一致，这通常也被称为“快速抽击”冰球。此时，你的下手在球杆柄上的位置应该稍稍低于抖腕射门时的位置。在射门时，双手要紧握球杆。

用爆发力击球

快射的关键是快速用球杆击打冰球，就像你可以在不带球的情况下更快地移动你的球杆。你可以在接触到冰球时做以下动作：先用打击板的尖部环抱（或拖拽）冰球，随后用打击板的跟部有力地顶住冰球，最后用打击板中部将冰球击出。

随挥

你可以用非常小的随挥动作来进行快射，依靠快速的挥杆将爆发力加在冰球上，通过射门动作使冰球飞得更快，或者你也可以使用类似于大力击射时的随挥动作。当你将拖球移动与快射相

快射准备到击球

❶ 冰球位于中线后侧，阿特米・帕纳林的球杆打击板垂直于冰面并与冰球分开，这给帕纳林留出了用爆发力击球（暴力击球）的空间。

❷ 他正在转动上手手腕以关闭球杆的打击板。当他暴力击球时，他会转动手腕并轻巧地打开打击板。他的打击板将在射门时打开，并在快射后冰球离开球杆时关闭。

❸ 帕纳林用打击板的中部击打冰球。当他完成击球时，冰球会朝着打击板的尖部略微移动，但是要通过快速转动手腕来关闭打击板，才能使冰球沿着预期的轨迹移动。如果他没有迅速转动手腕快射，那么冰球就会从打击板的尖部飞出并朝着场外飞去。

❹ 当帕纳林在击球过程中转动肩膀时，他的同侧膝盖会下沉，并且他的下手会对球杆柄施加压力。这个力会使球杆弯曲，产生鞭打效应，加快击球速度。

结合时，你可以做出强有力的随挥，就像抖腕射门那样，为你的射门提供速度和精确性。你的随挥高度决定了射门的高度。

快射与抖腕射门相结合

在射门之前，你可以使用两者组合射门的方式来改变冰球的位置，它也可以掩盖快射的意图。这种射门方式的摆位与传统的抖腕射门相同，但最终是用快射击球。

首先，将冰球拉向你的身体来改变冰球的位置。其次，将打击板的中部和跟部从冰球上拿开，同时保持打击板的尖部在冰面上。最后，为了击打冰球，你可以向前推动打击板的中部和跟部，猛地击向冰球。这次击球可以从外侧脚或同侧脚发出。马克·梅西耶使用这一技术在他的身体外侧击球非常有效。

击射

击射相当困难并且速度很快，你可能需要花些时间才能将球击出，通常，球员击射的命中率不高。但是，如果你可以驾驭好击射的力度，它的射门效果将是无可比拟的。

方法

动作开始的时候，你的双脚应垂直于目标，并且把冰球放在你身体中间稍稍靠向前脚的位置。大力击射的后摆不同于幅度较小的“半”后摆，充分后摆时，球杆抬得非常高，几乎成竖直状态。在挥杆后摆期间，要像快射之前那样，在将打击板拉回时转动手腕，此时下手在球杆柄上的位置要比快射时的位置稍低。当触球时，要确保打击板是闭合的且能盖住冰球，击球时手腕转动要快。用打击板的中部击打冰球，确保打击板垂直于冰面。你的球杆应该击打在冰球后面的冰面上。保证冰球足够靠近你的身体，这会让你的下手向球杆施加足够大的压力，而这种压力会使球杆弯曲，弹力加大，增加击球的力度。

随挥动作

整个动作需要迅速完成，因为挥杆的速度会影响冰球运动的速度；快速地将你的重心从后脚转移到前脚。强有力的随挥动作也很重要，要求你在射门的过程中使用臀部、背部、肩膀和手臂的肌肉共同发力。直到你的下手几乎竖直指向上方时，随挥动作结束，此时的打击板指向目标。当你重心前移并随挥射门时，你的后腿

击射准备到击球

❶ 当布雷登·麦克纳博即将击球时，他抬起头看向他的目标。他的下手处于杆身的下部——低于任何其他射门动作中的位置——当他将重心从后向前转移时，在球杆上加载压力，使其产生弯曲。

❷ 麦克纳博在与冰球接触之前先击中冰面，并且他转动球杆，使得打击板稍稍闭合。

❸ 在整个触球过程中，麦克纳博的下手都是向前的。击球产生的扭矩使他的身体发生转动。触球时，他转动下手，使打击板闭合。然后，当他击球射门时，他快速转动手腕闭合打击板。

❹ 打击板指向目标——随挥越高，击球越高。

❺ 麦克纳博将他的重心从后腿转移到前腿。他还抬起他的后腿向冰面施加更多的重量（也是因为击球动作产生的扭矩迫使后腿抬起）。

可能会离开冰面。通过将重心从后脚转移到前脚可以增加击球力量，也会给你的击球增加更多的扭矩，并且使你的手臂在随挥动作中充分伸展。然而，当大力击射动作结束时，由于身体扭转并因惯性向前，你需要在单脚支撑的情况下保持身体的平衡。

试着在射门过程中保持抬头，目视前方，这可以使射门更准确。同时，它还可以使你在场上形势发生变化时能够将大力击射转换成大力传球。韦恩·格雷茨基是第一个有效使用“抬头”技术来大力击射的球员。

后摆

你的后摆可以是小幅度的（低到贴近冰面）、中等幅度的（如图所示），或者大幅度的（球杆直接指向上方），这取决于你有多少准备时间。不管你是哪种后摆，都要将大部分的力量和体重尽可能地加在后脚上，这样当你挥杆到你的前脚时，才能将后摆（实际是向后引杆动作）转化成射门。

小提示

大力击射在接传球直接射门时是非常有效的，特别是在你的身体外侧击球时。佯装的大力击射也可以非常有效。球员可以在做完假动作后射门，或者把球传给更容易进球的球员。

挑射

当距离守门员很近时，最好的射门方式是挑球射门，因为守门员对门前的低射

假动作击射转换到大力传球

从左上方沿顺时针方向：特洛伊·斯切尔，在这一点处执行了一次击射后摆，接着他放下球杆，将他的下手放在球杆下部并使他的上手向外远离身体，改变击球的角度。这一系列动作的结果是将假动作击射变成了大力传球。

防守技术掌握得越来越好，挑射能使球员迅速地把冰球挑起来并越过守门员，这一点很重要。当你需要快速把冰球挑起来的时候，比如把冰球从防守区域解围出去或者把它传进进攻区域的时候，也可以用这个方法。

可以用传统的击球方式（与目标成 90 度的方向站立在冰面上且双脚相互平行）或者使用在同侧脚外侧击球的方式来执行挑球射门。在正手位或反手位都可以使用挑球射门技术。挑球射门的关键是在射门时转动你的手腕打开打击板。当打击板打开时，你可以用抖腕射门的动作来“抖腕”，或使用铲球动作，用打击板的中部将球挑起。你也可以使用快射的动作，把球从打击板正面的跟部、中部或尖部快射出去。无论哪种方式，在开始射门时，都是将冰球拉近你的身体，而不是常规的抖腕射门或快射。为了让冰球更接近你的身体，你需要移动上手远离身体，下手握住球杆柄下部，并使球杆随挥向上，这样你就能迅速地把冰球击向高处。这种射门技术在距离守门员很近时非常有效。

在紧逼防守下射门

❶ 布雷登 · 维克托 · 阿维德松的上手和下手都向外远离身体。他转动手腕，打开打击板，将冰球铲到打击板中部。

❷ 为了打入球门的近侧角，他在整个射门动作和随挥中保持打击板打开，动作迅速，以便尽可能快地将冰球挑高。

同侧脚处射门

这是一种杀伤力极强的射门方式，并且在同侧脚处射门有很多优势。它可在多种射门方式中运用，包括在运动中射门，在内侧快速击球射门，侧向移动到内侧时射门，假动作射门，等等。

简单地说，你的同侧脚就是射门时与球杆在同一侧的脚——右手球员是右脚，

左手球员的同侧脚处射门

❶ J.T. 米勒抬头看向目标，他的肩膀垂直于目标。他的上手向上抬得很高并靠近肩膀，他将球杆压迫得像鞭子一样有弹性。

❷ 米勒的下手位于杆身的中间位置并正在对球杆柄施加压力（通过手掌的根部），使得球杆弯曲，产生鞭打效应。

❸ 通过向同侧脚倾斜，米勒将自己的体重转移到同侧脚上，并且抬起外侧脚（有时这是一个踢的动作）。这个重心转移对球杆施加了额外的压力，以便为击球增加额外的力。米勒的同侧脚立在平刃上以保持平衡和滑行。

左手球员是左脚。此时，这只脚位于你身体的“内侧”或正手位。外侧脚指的是射门时与球杆不在同一侧的脚——右手球员是左脚，左手球员是右脚。此时，这只脚位于你身体的“外侧”或反手位。

当提到球员射门时的脚时，我们指的是击球时球员重心所在的脚。运动员很多时候会从“外侧”脚处射门，并且在很多情况下，这只脚被称为“前”脚（击球时最接近目标的脚）。抖腕射门是一个外侧脚变成前脚的很好的例子。然而，有些时候球员从同侧脚处射门时，同侧脚就成了前脚，如上图所示。

方法

为了从同侧脚外侧射门，你要让身体垂直于目标，双脚指向正前方，并抬头目视前方。此外，将手靠近身体，把球带到你的正手位，使打击板垂直于目标。射门时，将全身的重量都移到同侧脚上，同时对球杆施加压力，使球杆弯曲。用力抽击把冰球向前扫。下手施加很大的压力，并像做抖腕射门时那样转动手腕。射门后紧接着做随挥动作，你的下手向前伸，且球杆指向目标。

小提示

为了在射门时能更加有力，你可以通过抬起外侧脚来把重心转移到同侧脚上。有些球员会通过用屈膝再将腿伸直的方式向将外侧脚“踢”开——踢向空中，同时向球杆施加压力。

同侧脚的平衡

泰勒·塞金在运动中进行同侧脚处射门。他将所有体重都加在同侧脚上并且将重心加在冰刀的平刃上，保持完美的平衡。对于成功的同侧脚射门来说，平衡是一个关键的组成部分。

在同侧脚处射门的优势

※ 假动作击球：较少的身体动作，以免让守门员知道你何时射门（在击球之前没有重心转移），而且你还可以在运动中射门（做假动作并冲向球门）。

※ 接内侧传球后快速击出：左手球员在左手位或者右手球员在右手位接到传球后，可以迅速将其击出，因为他们不需要进行常规的转动身体再射门的过程（将重心从同侧脚转移到外侧脚）。

※ 外侧假动作射门：肩膀垂直于球门，将冰球拉近你的身体，改变射门角度，并掩饰击球的时机。

※ 精确性：在整个射门过程中你需要始终保持抬头，目视前方。

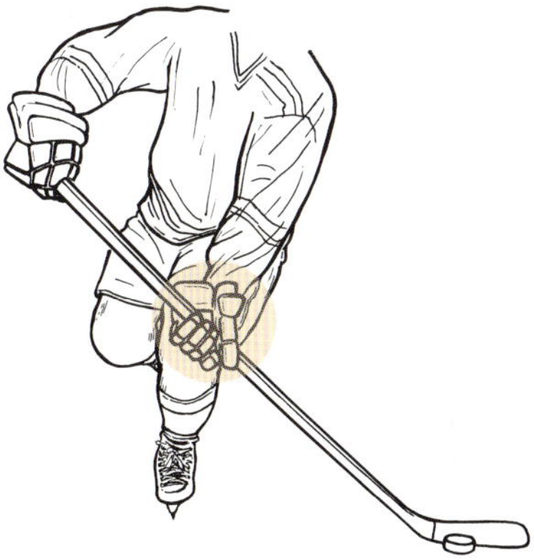

前视图

同侧脚处射门的前视图。注意倾斜身体，以及几乎是用完全伸直的下手紧推球杆的中间部分来施加压力。

PAVELSKI
8
CCM
FUEL

3 高级技能

乔·帕维斯基在对阵渥太华参议员队时用一记跪膝射门得分。要阅读更多有关跪膝射门的信息，请参阅第 90 页。

转换

前后方向转换

如果说在冰球运动中有一件事是不变的，那就是变向！你需要在面对比赛的时候能够随时在冰上来回移动。在很多情况下，你需要从向前滑行转换到向后滑行，这种转换是自然流畅的，同时还需要保持身体与原来的方向垂直。例如，在一场比赛中，由防守转向进攻并且需要掉头，或者当一名前锋带球到门前时发现位置太深，想要后撤到一个更好的射门位置，同时还要面对冰球时。

方法一：向后快速启动滑行

通过向前滑行，然后向前侧向滑行以开始前后滑行之间的转换，将侧滑与向后快速启动结合在一起。这可以确保在你改变方向时，保持一些前进的速度，给你快速启动的动力。向后快速启动（在滑行中启动）帮助你快速、高效地向后移动。

向后快速启动滑行

❶ 帕特里克·霍恩维斯特在从向前滑行到向后跨步的转换期间完成了侧滑，同时他一直盯着比赛状况。霍恩维斯特的目光正在追随着比赛。他的足跟指向他最初的行进方向，以适应这种转换。滑行使他将前进动量转换成后退速度。

❷ 霍恩维斯特已经抬起左脚，以便开始执行向后快速启动时的上交叉及下交叉，这两个动作会将他向后推。他最初的发力和交叉脚将是他的左脚。

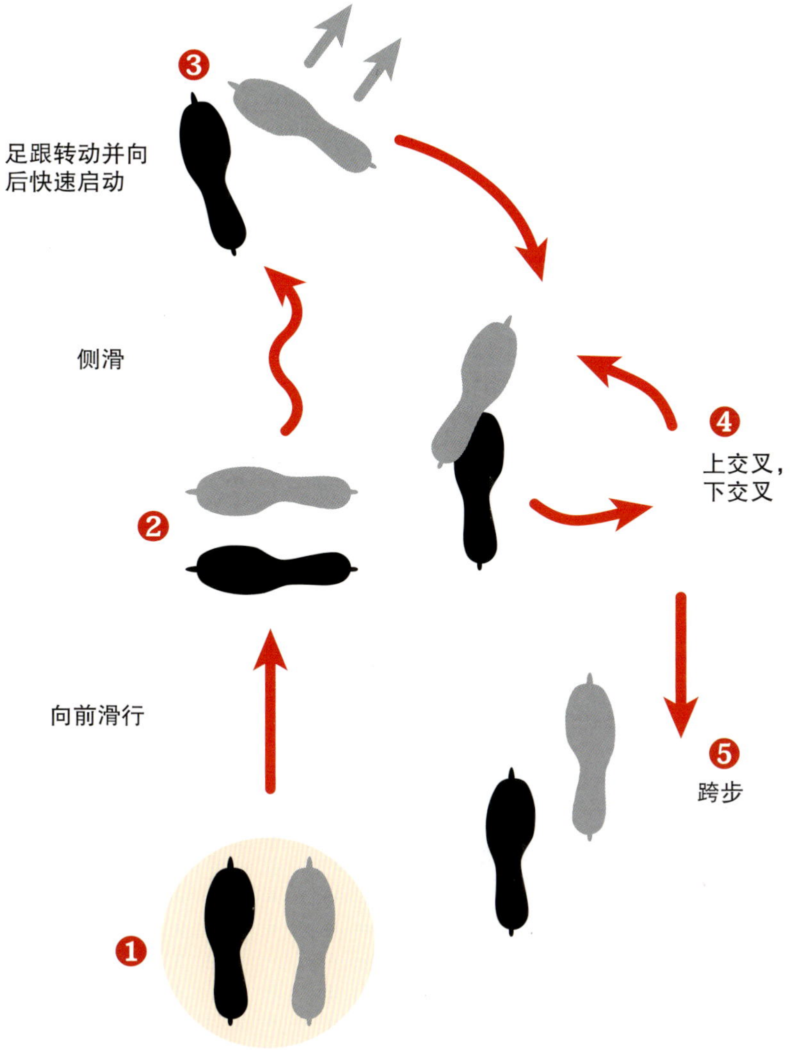

向后快速启动滑行

当你到达想要开始向后滑的地方时，弯曲你前腿的膝盖（它引导你的侧滑），把你的重心转移到前脚上。当你的重心离开你的后脚时，转动后脚使足跟朝向你想要向后移动的方向。接下来，用你的前脚向后快速启动：一个上交叉，一个下交叉，双脚并拢及向后跨步。你的蹬冰和脚踝伸展对于快速启动是很有必要的，并且下交叉可使你直接向后并远离你的行进方向，这可使你尽可能保持直线滑行并保证有效转换。

方法二：转动

如果你在冰面上不是沿直线前进而是以一定角度向前滑行，并且在从前进转换到后退时不需要保持直线，那么你可以通过转换——前后转动身体来保持速度。

当你以一个角度在冰上向前滑动时，你的双脚不与肩膀同宽，双脚平行并朝前。接下来，伸直双腿，抬高重心，并转动滑行脚的足跟，使脚趾指向新的行进方向。同时，弯曲膝盖使压力施加在脚掌上，这样你就可以沿新的方向向后滑行——足跟指向的方向。当转动并施加压力时，你将向后滑动，并且有需要的话，你可以选择跨步。你可以使用该技术来保持速度。

后前方向转换

由后向前转换是一项非常实用的技能。在比赛中，有很多情况需要从向后滑行到向前滑行的自然流畅的转换，同时还需要身体垂直于原来的行进方向，例如在回防中，你必须提前掉头，或者控制冰球向后退，然后再向前投入比赛。它的关键是在转换过程中不能停顿，要一直保持前进的速度。

方法

当向后跨步的时候，你通过把双脚靠在一起立于身体下方，可以转换到向前滑行。双膝弯曲，双脚向后滑行。将其中一只脚的脚趾向外转动 90 度，使之与你的行进方向垂直；这只脚将成为你向相反方向转换的第一个跨步的发力脚。通过弯曲膝盖和向前倾斜将压力施加到冰刀的内刃，这样你就可以控制冰刀与冰面的角度，并且更合理地利用冰刀的内刃。当你用力蹬冰时，会产生从冰刀的整个平刃到脚掌的重心移动，这一动作非常像向前快速启动。

注意事项

在整个转换过程中保持速度，以及在无停顿的情况下完成转换是非常重要的。为了做到这一点，你就要确保用平刃向后滑动。同样，当你开始向前快速启动，双脚并拢时，足跟是贴在一起的。这能防止你在转换过程中漏掉某一步骤，也能帮助你完成一个完整的跨步，以一个完整的伸腿来开始向前滑行的动作。在快速启动时，前倾是保持速度甚至加速的关键。同样，在整个滑行过程中，始终将球

转换到突破区域

❶ 向前倾斜帮助肖尔·韦伯快速转换，让他尽可能多地使用冰刀的内刃。这自然也会使他在正确的方向上从转换中获得力量。

❷ 韦伯把压力集中在整个脚掌上，也就是压在冰刀的整个刀刃上。他将从脚掌处蹬冰来开始快速跨步。

❸ 韦伯向外转他的脚并使其靠近冰面，以便有效、快速地跨步和复位。转换是一个移动向前的快速启动。在这种情况下，韦伯将停住他的右脚（同侧脚）并且很可能从那只脚处传球。

杆的打击板保持在两肩之间有助于保持正确的身体姿势。

转身和转弯

这是一个后前方向的转换（或转动），它能使你从向后滑行转到向前滑行。

上交叉技术

如果你正在向后滑行，突然需要在不停顿的情况下转身向前滑行，那么你需要使用这一技术，例如当你追逐身后的运动员或冰球时。

当你向后跨步时，将一只脚侧向迈向你想要转向的那一侧。用这只脚抓冰，就像你在做下交叉时那样，向内蹬冰（就像推冰和蹬冰）。当你朝着滑行脚蹬冰时，转动滑行

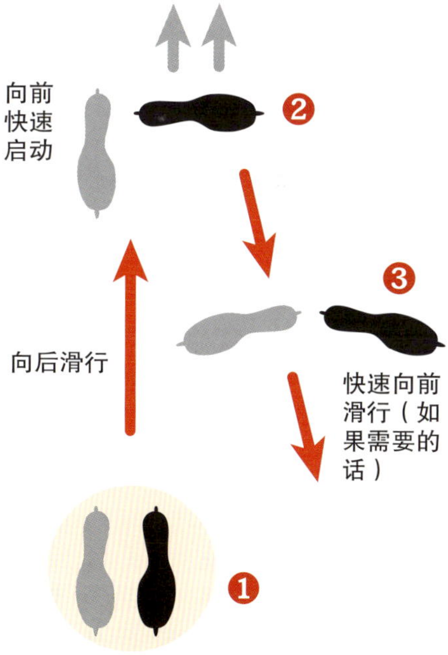

后前方向转换

脚使之与你想要转动的方向成 90 度，然后转动你的上半身，这样你就可以面向同一方向。将滑行腿的冰刀收回你的身体下方并在滑行腿的后面或下面做一个下交叉。同时，滑行脚跨过下交叉腿（这类似于用交叉法向前快速启动）。当你的上交叉脚落地时，朝着你想要行进的方向向前跨步，然后收回下交叉脚准备下一次的跨步。

"滑冰对滑冰"技术

第二种技术是滑冰对滑冰时的转弯，这可用来缩小球员间的距离，如某球员已经侧向移动并要超过你。

向后跨步时，将你的一只脚侧向伸到你想要转向的一侧（朝向对手），用这只伸出的脚抓冰，并向内侧蹬冰。此时不用将蹬冰腿收到滑行腿下面，而是转动滑行脚，使之与你想要转动的方向成 90 度，然后将两只脚并拢（非常类似于后前方向转换）。同时，转动你的上半身，使你面对转弯方向，用滑行脚向前跨步。

使用"滑冰对滑冰"技术，要保持冰刀一直靠近冰面，以便快速调整到攻击动作。交叉技术通常不适合用来拉近与进攻球员间的距离，因为你的交叉脚无法在半空中调整进攻动作。使用这两种技术时，在转换过程中一定要迅速地在两肩之间移动球杆来引导换向。

前进到前进方向的转换

在冰球比赛中，有时你正朝着一个方向前进，但突然需要朝相反的方向前进，同时眼睛还要盯着比赛情况（或冰球）。如果不需要关注比赛情况，你就可以朝一个方向向前滑，而后急转弯，然后再快速朝另一个方向滑行。但是，当你想盯着冰球并且还需要保持速度时，例如当一名边锋滑回防守区的突围位置时，你需要进行一次前进到前进的转换。

这是一个非常复杂的动作，主要是因为当从一个方向的前行转换到反方向的前行时，你必须向后滑行一小段距离。该转换分为四部分，全部从侧滑开始。

滑行

在整个过程中保持速度的关键是使用侧滑进行转换，而且不能停顿。当你向前滑行时，先进行侧滑，使你面向想要行进的方向。滑行最初可以是直腿，以减少刀刃上的阻力并提高速度，但是当你进行转换时，必须弯曲膝盖才能加速。

转动

在滑行过程中，转动足跟，你就可以向后滑动。不要转 180 度，这会使你在原来的行进路线上向后滑；你需要转动 135 度（不到半圈），这样就可以在与原滑行方向成一定角度的方向上反向滑行，避开激烈的对抗。保持你的双脚平行，用两只冰刀的平刃滑行。

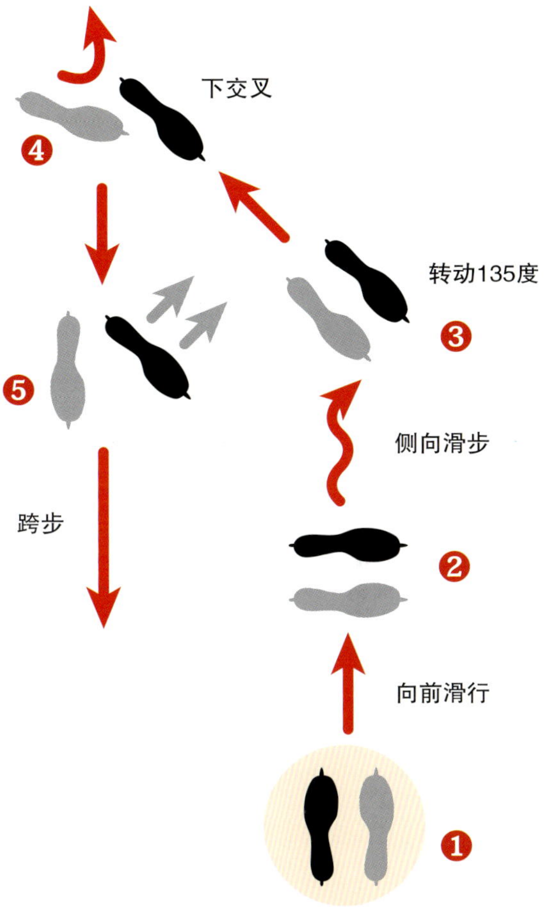

前进到前进方向的转换

下交叉

一旦你向后滑行，你需要做一个下交叉，然后向前跨步，这样就能完成转换，身体会朝着相反的方向前进。通过使用侧滑的后脚完成下交叉，将冰球拉向正在侧滑的前脚的下方。记住，后脚是下交叉脚。这个过程中要记住屈膝。当下交叉脚穿过你身体下方及另一只脚（滑行脚）的后面时，转动下交叉脚，这样你就可以用脚掌带动冰刀的外刃蹬冰。蹬冰时再加上脚踝的伸展就可以增加你的速度。

跨步

当下交叉脚复位时，向前跨步，用你原来的前脚开始第一次跨步。然后，用双脚向前跨步，成功完成一次前进到前进方向的转换。

下交叉向前跨步

麦克·卡莫里尼正在通过下交叉步完成前进到前进方向的转换，当他朝新的方向出发时，他的下交叉腿完全伸展。他将球杆打击板放在他的肩膀之间，摆好姿势并准备传球。前锋在回守区阻截后再突破时，通常需要执行前进到前进方向的转换。

注意事项

当你转动身体向后滑行时，你选择的路径角度取决于你的转换时间是否充足，需要多快的转换速度，以及你有多少可用的空间。空间越小，所期望的转换就越快，向后滑行路线的角度就越小。如果你有充足的空间和时间，那么角度的选择性就很大。还有，在进行前进到前进方向的转换时，要始终把球杆的打击板放在两肩之间。这将帮助你保持一个适当的身体姿势、平衡和滑行。

规避动作

侧滑

侧滑技术可以使你在侧滑时兼具速度和稳定性。当球员正在运球，以及当他们在较为广阔的区域给队友创造机会时，经常会使用侧滑技术。在进攻区域中，当对方球员带球越过蓝线时，防守队员经常使用侧滑技术来改变进攻点。当你在对方防守区域或中立地带遭到防守队员的阻截时，侧滑技术可以为你制造一个穿行通道或空间。

无论控球、射门、传球还是接球，侧滑技术在这个过程中都发挥着至关重要的作用。为了快速和稳定地移动，你的一只脚（滑行脚）必须始终在冰上滑行，让另一只脚（发力脚）朝着你的滑行脚蹬冰；在做这一动作时，深度屈膝是非常重要的，

向外侧移动

❶ 克劳德・吉鲁的滑行脚是平刃滑行，他的足跟指向行进方向。他弯曲右膝将重心竖直转移到滑行脚上，以提高他的速度。

❷ 吉鲁的发力脚正在做下交叉。为了迅速向他的外侧移动，他使用发力脚的整个外刃使劲蹬冰。

❸ 吉鲁转动肩膀打开视野，使得他能更好地观察冰面上的情况。冰球处于他的正手侧，他已经准备好了射门或传球。

向外侧移动

左手球员向右侧侧向移动——向外侧移动。肩膀、手臂、躯干和髋部的姿势非常类似于向后滑行时的姿势。右侧脚（外侧脚）发力，左侧脚（同侧脚）停留在冰面上滑行。

向内侧移动

左手球员向左侧侧向移动——向内侧移动。这个过程中需要将肩膀、手臂和躯干向左转动，便于球员进行传球或射门。右侧脚（外侧脚）停留在冰面上滑行，左侧脚（同侧脚）发力。

因为屈膝可以使重心上下移动，进而提高前进的速度。

向外侧移动

这种移动方式是针对左手球员移动到他们的右侧或右手球员移动到他们的左侧而制定的。发力脚向外发力（左手球员是右脚发力，右手球员是左脚发力），滑行脚是同侧脚。要进行侧向移动，滑行脚的足跟指向你想要滑行的方向。接下来，用发力脚推冰和蹬冰，你可以用这种方法完成下交叉，用发力脚整个冰刀的内刃向你的滑行脚蹬冰。用快速的跨步反复蹬冰，发力脚快速复位执行下交叉。你的滑行脚始终接触冰面，用平刃滑行。

当你向外侧滑行时，你的身体姿态应该类似于向后移动的状态，这与向后沿曲线滑行的技术相似。

向内侧移动

左手球员移动到他们的左侧或右手球员移动到他们的右侧时经常使用这项技术。此时，外侧脚是滑行脚，同侧脚是发力脚。向内侧滑技术与向外侧滑技术是相同的。

请记住，当你向内侧移动时，你的上半身必须转动以保持与行进方向垂直，这样你就可以在任何时候进行射门或传球。这是一项极具挑战性的技术。掌握这一技术的球员可以在进攻区域的蓝线上（反手）抄起外侧的球，然后他们就可以侧向移动，越过蓝线向冰场的中间地带进行射门或传球。

急转弯

急转弯是为球员创造有利空间或缩小距离的好方法。在进攻方面，你可以使用

急转弯到正手位

❶ 西德尼·克罗斯比的球杆打击板首先进入弯道，接着是他的内侧脚和他的外侧脚。他的球杆打击板呈杯状，在正手位控制住冰球。

❷ 克罗斯比将他的上手从前绕过身体，并位于下手的前臂下面，使得球杆的打击板包住冰球然后率先转弯。克罗斯比使用短杆。如果他使用较长的球杆，他就不得不把手放在他的前臂下更远的地方以达到相同的效果。

❸ 克罗斯比通过转弯时用足跟蹬冰——用前脚冰刀的外刃和后脚冰刀的内刃。克罗斯比在转弯时用冰刀（每只脚）的其他部分接触冰面来滑行，最大限度地提高转弯时的速度。

❹ 克罗斯比身体倾向球门，封住防守者，并给自己留下一条通往球门的清晰路径。

急转弯来躲避防守球员，保持控球或者摆脱阻截者。在防守方面，急转弯能力会让你占据一个良好的防守位置，并且挤占对手的有利空间。

进入转弯

当你进入一个急转弯时，你需要处于打冰球的姿势。伸出转弯内侧的脚踝，使用冰刀的平刃并将身体朝转弯的方向倾斜，保持膝盖在伸展脚的上方，身体向前倾斜。同时，你应该使用内侧冰刀的外刃和外侧冰刀的内刃滑行。

转弯时，你的打击板先进入弯道，然后分别是内侧膝盖（冰刀）和外侧冰刀。用前脚确定你的转弯路线。转弯转得越急，你的前脚越贴近你的身体，并且你的前腿屈膝越深；越平缓的转弯，你的前腿应该离你的身体越远。若要在转弯时产生更快的速度，需要用后脚足跟发力；让你的双脚保持在相同的轨迹上也能提高速度。

进行转弯

上手要在反手位远离身体，从体前绕过，移动到位于正手侧的下手的前臂下方。

急转弯到正手位

上手通过体前移至下手的前臂下方，使球杆的打击板包住冰球并引导转弯。保持打击板靠近前脚。膝盖弯曲置于前脚的前方以便于控制冰球，将重量更多地施加到前脚上，这可以增加转弯时的滑行速度。

急转弯到反手位

上手抬高并远离身体，伸展下手，这个姿势可保证球杆靠近前脚。膝盖弯曲置于前脚的前方以便于控制冰球，将重量更多地施加到前脚上，这可以增加转弯时的滑行速度。

这样可以促进滑行和更好地控球。转动上手包住冰球。在转弯时，驱动内侧膝盖向前并用外侧脚的足跟蹬冰来保持速度，甚至加速。

离开转弯

当即将结束转弯时，通过驱动内侧膝盖向前来提高速度，而后继续驱动内侧膝盖，使其处于前脚的上方和前方。这将使你的身体重心降低，帮助你控制冰球，最重要的是能够促使你提高滑行的速度。为了以一定的速度完成急转弯，你需要用后脚的足跟向外蹬冰。然后，用脚掌带动冰刀的内刃向外蹬冰并将这只脚跨过你的前脚。当后脚跨过前脚时，用前脚做下交叉。优秀的运动员能够用前脚推冰并且在完成强有力的下交叉（或脚踝伸展）动作之前还能向内蹬冰，这可以使他突然发力退出急转弯。急转弯后，你也可以尝试用几个快速的上交叉或下交叉组合侧向前移。

减速

当你进入转弯时，如果滑得太快，为了有效地完成转弯，你需要降低滑行的速度，此时的方法是转动前脚，并且在你行进的方向上侧向蹬冰（脚趾指向弯道，足跟背离弯道）。你的脚应该背离你，这样你就可以利用冰刀外刃（离你身体最近的冰刀）平推、刮擦冰面。

加速和减速

在一些情况下，这一技术被称为“鲍比·奥尔逃脱术”，因为该运动员将加速和减速滑行技术融入了常规滑行技术。在加速和减速滑行过程中，你在某方向上沿曲线加速滑行——加速，然后快速急转弯离开原滑行线路——减速。这种技术可以为你创造空间，适宜在多种情况下使用：带球加速冲向球门却被对方防守队员阻截，然后减速以寻找其他位置和机会；加速带球越过蓝线滑进进攻区，然后减速滑到护板处；或者在你的区域内带球向己方球门加速滑行，然后减速带球滑到角落里避开前场阻截者。

减速退到角落

❶ 李·斯腾普尼亚克最初移动到他的反手位。他正在使用左脚的外刃转向，通过发力将左脚冰刀的外刃推入冰中，然后突然变向到正手位。他的右脚将跟随他的左脚，当急转弯到正手位时，球杆打击板率先朝向新的方向，然后是左脚，最后是右脚。

❷ 斯腾普尼亚克已经将上手靠近身体，当他继续向正手位急转弯时，他将进一步将上手推到下手的前臂下，以帮助执行转弯。

❸ 斯腾普尼亚克将用右脚的冰刀内刃发力，然后加速通过急转弯，再减速到正手位摆脱防守者。

加速

这种滑行动作很简单。使用前交叉技术加速，能够使你沿曲线强有力地加速。

减速

当你已经到达减速点时，你需要从上交叉转换到急转弯。要做到这一点，你需要运用交叉脚（外侧脚）的内刃向外发力，这就像做交叉步一样，但是在你的冰刀做完上交叉并在落冰之前，你需要转动你的脚，使其远离初始行进方向，朝向新的行进方向。足弓应该是背离你的，并且当你把脚落向冰面上时，冰刀应该是倾斜于冰面的，这样你就可以使用你的外刃发力，这只脚也就变成了急转弯过程中的前脚。

如果你使用前脚的外刃发力，就会带动你的后脚（交叉步中的内侧脚）紧跟着你的前脚。它将会成为你急转弯时的外侧脚，也就是你的发力脚。在急转弯时，你将需要运用外侧脚的足跟带动冰刀的内刃向外发力，以保证你的滑行速度，甚至加速完成转弯。

注意事项

减速时要确保深度屈膝，用前腿的膝盖向前发力，这将使你用正确的姿势尽可能快地通过急转弯并创造更有利的空间。至关重要的是，你在做交叉时，手的位置要正确，而减速时，要迅速改变手的位置。这会帮助你保持一定的速度滑行甚至是加速滑行，还会帮助你更好地控制和护住冰球。

足跟对足跟转弯

足跟对足跟转弯使你在处理冰球的时候视野开阔并能面向弯道。这种滑行姿势对执行包抄非常有效，因为它能使你视野开阔，使用尾随脚蹬冰加速，也能使你观察到守门员和后卫的位置。此外，它还能使你在转弯时对对手造成一定的威慑，因为即使在转弯，你也总是处于要传球或射门的位置。当你没有带球时，足跟对足跟转弯就是一个在狭小空间内高效直接移动的绝佳方式。

方法

要进行足跟对足跟转弯，你需要打开髋关节，并转动两个冰刀，脚尖朝外，两足跟并拢。你的前脚冰刀应该指向滑行方向，尾随脚冰刀与之方向相反。冰刀之间的距离可以由手宽到肩宽不等，距离越宽身体越稳定。为了保持和提高向前滑行的速度，你需要让你的膝盖保持深度弯曲状态，这样你的重心可以上下移动，利于两个冰刀的内刃蹬冰（用尾随脚的脚掌和前脚的足跟发力）。要确保两个冰刀的倾斜角度，使你能够一直踩在冰刀的内刃上。转弯时的主要推力应该来自你尾随脚的脚掌，你的滑行主要依赖于尾随脚的足跟和前脚的整个刀刃。

在狭小的空间内做足跟对足跟转弯

❶ 西德尼·克罗斯比身体前倾，使得他的双脚都用冰刀内刃滑行。

❷ 在狭小的空间里，克罗斯比的足跟对足跟转弯让他能够保持与远处的冰球垂直，同时快速加速并直接滑向冰球。

❸ 他从右脚（后脚）脚掌的内刃处产生蹬冰力，将他沿曲线送到左侧（正手位）。发力脚用后跟滑行，左脚（前脚）用整个刀刃滑行。他弯曲膝盖，在垂直方向上转移重心，这通过摆动双脚来实现。克罗斯比可以迅速摆脱防守者，同时保持身体处在防守者和冰球之间。拿到冰球后，克罗斯比的足跟对足跟转弯将使他垂直于球门，寻觅得分机会。

注意事项

足跟对足跟转弯通常比急转弯更加平缓。一些球员在带球时，会根据不同的情况来交替运用急转弯和足跟对足跟转弯这两种转弯方式。在受到挤压的情况下急转弯会使你处于一个更有利的位置以护住冰球，而足跟对足跟转弯则会让你在场上拥有比较开阔的视野，掌握更多的场上状况。一般情况下，球员使用足跟对足跟转弯的转身来移动到正手位。优秀运动员在转弯时会频繁上下移动重心，以及过渡重心冰刀来增加蹬冰力——具体做法是加大膝关节的弯曲幅度，上下移动脚踝，这样可以对尾随脚的脚掌和前脚的足跟施加压力。当你想做包抄时，使用足跟对足跟转弯特别有效。

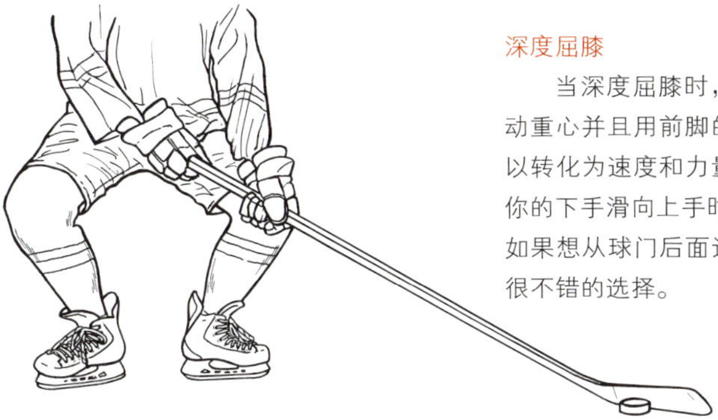

深度屈膝

当深度屈膝时，你的冰刀会受到更大的压力，当你上下移动重心并且用前脚的脚掌和尾随脚的足跟蹬冰时，这种压力可以转化为速度和力量。深度屈膝可以让你的手更接近冰面，当你的下手滑向上手时，深度屈膝可以让你把冰球推得更远。因此，如果想从球门后面边滑边射门，伸腿发力的同时向外伸杆是个很不错的选择。

假动作

假动作射门

假动作射门并移动到正手位是一种很简单的增加比赛悬念的方法。假动作射门时，尽可能逼真地模仿射门动作是很重要的；假动作起作用后，防守者将不得不相信你要击球射门。

假动作射门

❶ 康纳·麦克戴维抬起头看向目标，这能帮助他做假动作。

❷ 当正手侧的冰球处于传球或射门的位置时，麦克戴维将他的重心转移到外侧脚上。当他移动重心到外侧脚的时候，下手用力使球杆弯曲，进一步用假动作骗过后卫。

❸ 麦克戴维可以在这一点上射门，但是他也可以移动上手远离身体，假装射门并在假动作结束后发力蹬冰。

假动作击射

这是最容易学的假动作射门方式。虽然本身就很有效，但更主要的是作为一个跳板，它能帮助你学习更具挑战性的假动作，并帮助你学会完成假动作后，侧滑到正手位。

要完成假动作击射，首先要把球杆向上挥起，做击射动作。做射门动作的时候，要快速移动球杆，当球杆的打击板移向冰球时，把手移向身体并从体前绕过。同时，把你的同侧脚（后脚）放在你的身体下方，脚尖朝向你的外侧脚。保持同侧脚贴近冰面，逐步弯曲双膝，把你的同侧脚置于身体下方并触碰外侧脚。当你的打击板碰到冰球时，双手停止向前推杆：上手远离身体，下手贴近身体，转动手腕以转动球杆的打击板，使打击板打开并朝向你的正手位。此时，冰球处在你的正手位，你的打击板朝向完成假动作后你将要击出球的方向，而不是你“射门”的原始方向。从外侧脚处发力，向你的正手位跨出一大步，并用你的同侧脚作为引领脚。你加速过掉防守队员或创造空间的角度取决于很多因素，包括你的速度、防守队员的位置和反应。

假动作击射时的向上挥杆

假动作击射时的挥杆看起来就像常规的击射动作。但要记住，你的球杆在空中摆动的时间越长，你给予防守队员赶到你身边来防守你的时间就越长，所以短到中等的后摆挥杆时间是最好的。

假动作结束后发力

当你的球杆打击板接近冰球时（如果你正在射门，那么就是击球之前的那一点），转动你的手腕，向外推你的上手并转动打击板使其朝向正手位。身体向前进方向倾斜，利用外侧脚将冰球推向你的正手位（前脚处在最初的击球动作状态）。

假动作快射

外侧脚假动作快射和假动作击射几乎一模一样，唯一不同之处就是假动作快射的后摆挥杆幅度没有那么大。相对来说，假动作快射没那么明显。为了有效地完成假动作快射，你需要加强身体和手部的移动（伴随着一个小幅度的后摆挥杆）。这意味着你没有足够的时间将你的同侧脚移到身体下方，引发假动作，所以你的动作要非常快。

你也可以把你的球杆一直放在冰面上来完成假动作快射。这种假动作更不易被察觉，同样，这也需要你加强身体和手部动作来完成击球。脚和手的动作同前面描述的一样。但是，球杆的移动方式在假动作快射开始的时候是不一样的。

开始做假动作快射的时候，冰球处在正手位身体前面一点的地方，你需要向外伸杆。通过转动你的手腕使打击板的跟部离开冰面，并且用打击板的尖部将冰球拖向你的身体，由此开始假动作快射。当你拖动冰球向身体方向移动时，向相反方向转动手腕，这样球杆打击板的跟部就回到了冰面上。当你准备侧滑到正手位时，你需要向外移动上手并远离身体，同侧脚移到身体下方，就如同你在假动作击射的时候所做的那样。

当你处在这种姿势下时，如同假动作击射时的姿势一样，向正手位外侧脚的外侧跨出一大步，并将同侧脚作为领先跨步脚。这种假动作是非常有效的，因为冰球在被击打后移动了一段距离，这同样也是防守队员需要格外注意的事项。

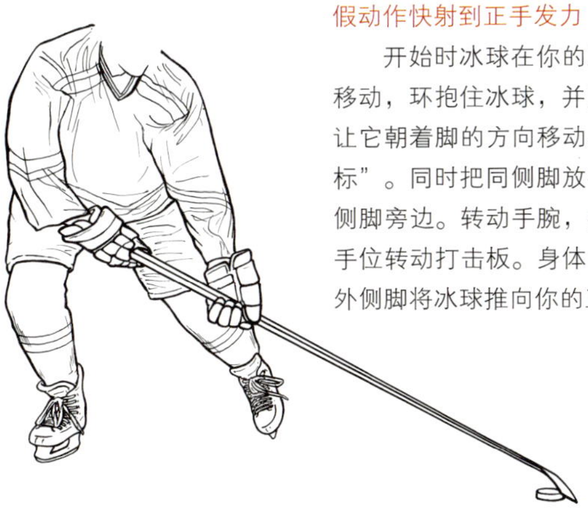

假动作快射到正手发力

开始时冰球在你的正手位，身体外侧。拖球移动，环抱住冰球，并用打击板的跟部拖拽冰球让它朝着脚的方向移动。眼睛始终看着“射门目标”。同时把同侧脚放在身体下方，放在你的外侧脚旁边。转动手腕，把上手向外推，向你的正手位转动打击板。身体向前进方向倾斜，并且用外侧脚将冰球推向你的正手位。

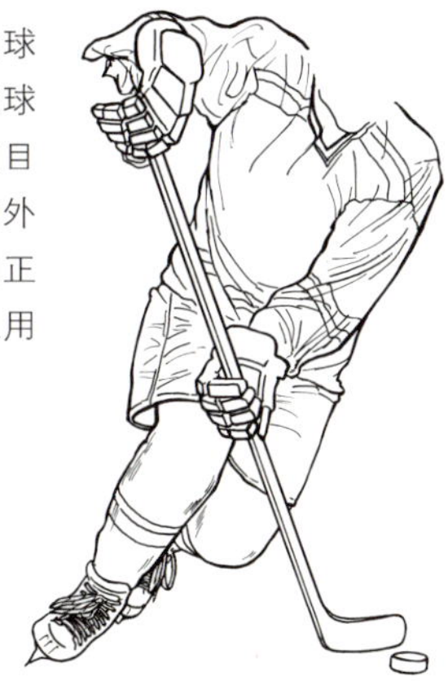

假动作抖腕射门

这个假动作是所有外侧脚假动作射门中最不易被察觉的一个，它要求你一定要使手腕上的动作幅度较大。

假动作击射和假动作抖腕射门的技术要求大部分是一样的，不同之处在于假动作抖腕射门时你的球杆要一直与冰球接触。当你想做假动作抖腕射门时，可以通过将冰球往回带来实施假动作，然后迅速将冰球向前带，就好像你要把球射出去一样。你在做假动作抖腕射门的过程中需要把冰球往前推，同时要把双手向身体一侧移动。若你想要做假动作击球的时候，需将你的上手向外伸并远离身体，下手向身体方向移动，同时通过转动你的手腕来转动球杆打击板，使其打开并朝向你的正手位——就像假动作击射和假动作快射一样。此外，你还需要同时把你的同侧脚放在身体下方并朝向你的外侧脚，这样你就可以完成假动作并迅速地将冰球移到正手位。

如果你在冰球远离身体的情况下开始假动作抖腕射门，你可以使用拖球移动技术来让冰球一直接触球杆，并将手移向身体以开始假动作抖腕射门——就像你做假动作快射时那样。

假动作抖腕射门的真正难点是要将冰球向前移动得足够快来引发假动作，然后再放慢冰球的速度，转动你的上手并快速地将冰球转向你的正手位，同时保持冰球一直受控制。

假动作反手射门

就像假动作击射或假动作抖腕射门一样，你可以假装反手击球，完成假动作后，将冰球移到正手位置进行击球、传球或滑到空位。假动作反手击球很难，这是因为你用反手击球时，必须在“击球”前把头低下，此时的防守队员只需一个上步就可以接触到你，你很容易受到攻击。当你开始执行假动作时，要让自己与防守队员之间有足够的距离，并且要在假动作和

执行反手假动作

就像你反拍击球时一样，把冰球放在外侧脚的后面。为了帮助完成这次射门，你的同侧肩膀需要下沉，如果觉得安全的话，可以暂时把头低下去观察球。

正手位动作的衔接之间快速移动，这是很重要的一点。

执行假动作反手击球时，要像你真的要反手射门一样，控制冰球的一侧离目标最近，使你的球杆打击板垂直于目标，把冰球环抱在打击板的背面。压低同侧肩膀，进一步把冰球向外推，如果此时比较安全的话，再把头低下去。如果此时你想射门的话，就持杆把冰球向前扫，但是如果不想真的射门的话，就将冰球向前推，使其绕过你的身体移到正手位，这时也要把冰球控制在打击板的背面。同时，你外侧脚的内刃和同侧脚的外刃开始发力，转动双脚。你的球杆、身体和脚的动作，与在反手位做一个急转弯的动作很类似。一旦你已经转到正手位，马上抬起打击板越过冰球，使冰球处于打击板的正面，这样你就可以准备好用正手射门或传球了。

从射门转换到转身

向前扫冰球，并用外侧脚的内刃和内侧脚的外刃发力开始急转弯。用打击板的背面包住冰球并靠近你的脚，以避免出现球杆阻截的现象。在转弯的过程中，一旦冰球到了在你的正手位，就要将球杆抬过冰球，使其处在打击板的正面。

对于守门员来说，假动作反手射门极具欺骗性，尤其是在开始假装反手击球，然后将冰球移向正手位（双重假动作）后，再将冰球移回反手位。在比赛中使用假动作反手射门时，要确保你有足够的空间来执行双重假动作。

同侧脚假动作射门

因为同侧脚击球动作的使用越来越多，所以同侧脚假动作击球也就变得越来越普遍。如果你正在假装抖腕射门，或是在同侧脚外或双脚外假装快射，那么你在做完假动作后，可以有效地将球移动到正手位或反手位。

想要完成一个同侧脚假动作射门，首先你得摆出一副要射门的样子。身体向同侧脚倾斜，用你的下手向球杆柄施加压力。只抬起或者抬起并向外踢你的外侧脚，这样会给对方防守队员一种“我要射门了！”的假象。

在大多数情况下，为了在做完假动作后将冰球移向你的正手位或反手位，你必须把外侧脚放回冰面上。然而，你抬起脚的瞬间犹豫会让对方后卫或守门员离开自身位置足够长的时间，而你可以利用他们的判断失误来传球或进攻。一旦牵制住了防守球员，你就可以把外侧脚放下，然后选择在你的正手位或反手位的侧面发动进攻。

当你把外侧脚放回冰面上后，并且外侧脚仍然与对方后卫或守门员保持垂直，这时候在射门的位置上停顿一下，也会有很好的效果。它能给你第二次牵制防守球员的机会，并可能为你赢得更多的时间将冰球移动到你的反手位或正手位。任何时候，当你给球杆柄施加压力，让打击板朝向目标，使肩膀与球门垂直时，你都有射门的威胁。

改变进攻角度

假装同侧脚射门并尽可能长时间地保持假动作是为了牵制对方后卫。稍微向同侧脚倾斜，并使用同侧脚冰刀的外刃将身体转向正手位，会给你一个新的角度去射门或传球。为了快速完成这个动作，当你转向正手位时，你的外侧脚膝盖需要不停地弯曲与伸直。

同侧脚外侧的假动作

※ 使用同侧脚假动作射门，假装将球抛入，进而为你创造活动空间。例如，如果你在外侧通过中区冲向对方后卫，同侧脚外侧的假动作可能会让其后退一点，给你更多的比赛空间。

※ 在你把外侧脚放回冰面之前，可以在正手位实施佯攻动作，但你不应该用这个假动作绕过对手；相反，你应该用这个假动作来改变你的射门或传球角度。为了执行这个假动作，你要从冰面上抬起外侧脚，就像要发动同侧脚射门一样。一旦你处于这个姿势，便可以通过使用同侧脚冰刀的外刃转向你的正手位——为了保持平衡，让球杆稍微向冰球倾斜。为了迅速提高速度，你可以通过向上蹬腿并收回这样的动作使你外侧腿的膝盖不停地弯曲与伸直（外侧脚已离开冰面），这将会让你向

正手位倾斜。一旦你改变了进攻角度，要么快速地射门，要么把冰球传出去。凯思·塔丘克就很有效地利用了这一假动作。

假动作射门时的注意事项

假动作结束后正手侧加速的关键

一旦完成假动作射门，你需要加速退出假动作，一定要快，因为机会转瞬即逝。开始发力后——外侧脚发力且同侧腿作为引领腿——你必须使用上交叉技术加速，然后绕过对手进入开阔的空间。滑行可以将你带到门前，或者，面对快速适应假动作的优秀防守队员，你可以利用加速和减速来创造空间。在防守队员花时间调整动作并挡住射门路线或在你射门之前用球杆阻截你的球杆之前，你可以结束假动作并射门或传球。

判断射门还是不射门

对于所有的假动作射门，在击球射门之前，你可以判断是否应该射门。这将有助于你“完成”射门，因为你可以在射门过程中，基于防守队员和守门员的位置或其他因素来决定是否应该射门。

用假动作射门来改变射门角度

佯装射门（或者在射门时停顿一下）可以和防守队员或守门员僵持一下，或者让防守队员或守门员对这个假动作产生误判，这是一个很棒的战术，能够给你时间和空间来实施一次进攻或将冰球移到不同的射门位置。

改变射门角度或射门位置的关键是在击球之前要尽可能快地将冰球从“预定”的射门位置移动到新的射门位置。新的射门位置意味着你必须将冰球移动一小段距离或一长段距离，但无论移动多远，它都会改变击球角度。为了尽可能快地击球，你可能需要在反手或正手位，在距离身体较远的位置射门，或者你可能需要将冰球拉近身体后再射门。

在做完假动作后，你可以有效地使用许多不同的射门方式，而且因为许多守门员在侧滑时非常擅长保护球门的近地部分，所以把球移到新的射门点后再把它挑高是你的优势。

不管你是在靠近守门员的位置还是在更远的位置，这种假动作都是有效的。挑射在这种情况下特别有效，它可以让你快速把冰球挑高。如果你想让冰球贴近冰面，可以尝试用一个低平球击向第五洞（门将双腿间的空间），因为许多守门员在侧滑时会为了适应射门角度的变化而打开他们的第五洞。如果你想要在守门员附近使用假动作，最好的选择是单手在控球范围的最远处射门。在你把冰球沿反方向拉回后，通常可以实施一次非常短的推击（见福斯伯格移动）。改变你的射门角度在你进行单刀突破和在罚点球时是非常有效的。

双重假动作

双重假动作可以创造出开阔的空间，但是这个动作本身也需要空间，因为你要假装射门，将球转移到正手位，然后再回来并绕过防守队员将球移到你的反手位。要做到这一点，首先要做一次假装射门，然后将球转移到你的正手位。一旦你开始正手击球，就要快速地将冰球绕过你的身体，移向你的反手位。继续把冰球推向你的反手位，同时扩大你的控球范围，并使用交叉步加速到反手位击球。这个动作的关键是你要利用从第一次假动作中获得的动力，加快实施第二次假动作。记住在执行这两次假动作时，要早点开始你的第一次假动作，从而使自己和防守队员之间有更多的空间。

隐蔽式射门

隐蔽式射门改编自欧洲地板球运动，是另一种只需极少的试探就可以快速击出冰球的方法。通过这种技术，你可以对守门员暂时隐藏冰球，摆脱阻挡你的防守队员，伪装击球点，让守门员难以跟随冰球并预测出你将在何时何地射门。

方法

隐蔽式射门时，最好将冰球置于正手位。在正手位先执行足跟转弯，然后侧向发力绕过防守者。接下来，执行拖球移动，让冰球贴近你的身体，并处在你和防守队员之间。滑行时，冰刀指向移动方向可以有效地隐藏冰球。然后，向前迈出外侧脚，并使它远离阻挡在滑行方向上的防守队员。随着你的重心转移到外侧脚上，你可以迅速将冰球扫入外侧脚前面的正手击球位置。通过扫球击打动作，外侧脚将进一步隐藏冰球，并且你可以用抖腕射门来击打冰球，一旦冰球离开外侧脚，你的重心都要压在这只脚上。另一种选择是将冰球扫入击球位置并在同一方向上驱动同侧脚，在同侧脚处击球之前，做一个快速交叉步。这样做的优势是它将使你进一步摆脱防守队员，避免遭遇阻截，并在射门期间做出更多的动作让守门员处理。这种动作的

隐蔽式射门

❶ 亚历克斯·奥韦奇金在假装移动到他的反手侧之后移动到他的正手侧，拉回冰球，从球门处转动身体。他使用扫球动作从同侧脚边上将冰球击打出去，但是看起来却像是从外侧脚处击球一样。他实际上是用外侧脚隐藏了冰球，直到将球击出去。奥韦奇金通过将防守队员当作一个屏障，进一步掩盖了他的射门意图。

❷ 奥韦奇金的躯干和肩膀在扫球过程中转动，他习惯于将冰球从同侧脚旁边移过他的整个身体。由于他的充分随挥，他的转体更加明显了。

❸ 奥韦奇金的同侧脚离开了冰面，让他的身体扭转并完成射门后的随挥动作。

缺点是，隐藏球后，在射门之前，冰球暴露的时间更长。隐蔽式射门做得最好的球员之一是俄罗斯的弗拉基米尔·塔列森科。

小提示

使用两个彼此距离不同且与球门距离也不同的固定锥体来练习你的射门动作。第一个锥体代表防守队员的初始位置，第二个锥体代表防守队员试图跟随你的位置。练习的重点是在隐藏和保护冰球时，执行侧向移动到你的正手位和在第一个锥体处的拖球移动，然后在锥体之间侧向滑动。当你接近第二个锥体时，在射门前将冰球快速扫到击球位置，使用射门动作技巧将重心落在外侧脚或同侧脚上。

如果执行得当，你的速度会在整个移动过程中发生变化，你会在侧滑前的足跟转弯期间减速，然后在射门之前加速。一些球员在上手远离身体之前的初始侧向移动期间也会使用拖球移动，将冰球推到正手位然后再将冰球拖回，用身体将冰球隐藏起来。隐蔽式射门是通过一些动作的组合建立起来的。这是一个挑战，但值得你花时间学习！

跪膝射门

跪膝射门扩大了你的带球区域（在该区域内球杆的活动范围让你能够准确地击打冰球），并且可以让你将糟糕的传球或反弹球转换成一个很好的得分机会，特别是当你在球门前的狭小空间内。

技术

执行跪膝射门，要下沉同侧脚膝盖并弯曲外侧脚膝盖，同时向上抬球杆上的上手并保持球杆打击板垂直于冰面。当你射门时，保持下手位于球杆柄的下部，这能使你将打击板放在靠近身体的冰球上并给你射门的精确度和力量。

射门速度要更快

当米卡·齐巴内贾德试图将冰球更快地移到球门时，以及在接到传球后想获得比脚边射门更好的射门角度时，他选择了跪膝射门。将冰球更快地带到球门前意味着守门员有更少的时间做出反应并定位。当守门员从球门的一侧快速移动到另一侧时，可能会露出空当，增加齐巴内贾德的得分机会。

当球员在球门外侧，想把落在身前的传球快速打向球门的时候，他们经常使用跪膝射门。跪膝射门允许你在打击板垂直于冰球时接传球直接射门，而不是将球留在脚边。对落在你面前的传球也可以快速向前跨步并单膝跪地，在接到传球后直接射门。保持打击板与冰球垂直，扼住球杆柄能增加射门的精确度。因为，当你用短挥杆动作击打冰球时，你可以更好地控制冰球的方向。当守门员封住球门的下部时，一些球员喜欢在门前的乱战中使用跪膝射门将冰球快速挑高。

对反弹球的跪膝射门

❶ 克雷格·史密斯的上手向上抬，远离身体，这样他在下沉同侧脚膝盖的时候可以保持球杆的打击板垂直于冰面。他稍稍转动手腕来打开打击板，因此，射门时，他可以将冰球挑高，越过身形庞大的守门员。

❷ 当他等待反弹球时，他转动下手手腕，手肘靠近臀部，使得球杆打击板靠近滑冰腿。这样史密斯一旦得到冰球，就有可能获得挑球射门的最大空间。

小提示

当与一个处于跪膝射门姿势的伙伴一起练习传球时，要确保你的上手远离身体，并且球杆打击板垂直于冰面。试着将冰球传到练习伙伴的冰鞋前面。接下来，尝试扩大你的接球区域，并用跪膝姿势将冰球打回去。然后，将自己置于球门位置，朝向外侧，呈跪膝姿势，让你的练习伙伴将一些冰球扔到你的冰鞋前面，尝试射门。用这些动作练习接传球直接射门，看看你能多快将冰球挑高。最后，尝试直立然后向下屈膝来处理传球，让你的练习伙伴不断地提高传球的速度，这样你就可以练习快速地从直立姿势转成跪膝姿势。

在双腿间射门

将冰球拉向你的双腿之间并用正手击球不再仅仅是为了炫耀！当改变射门角度时，双腿间射门被认为是当下护住冰球的有效方法。此外，还需要将冰球放在射手可以迅速将其挑高的位置，特别是当射手没有很大活动空间的时候。

在冰上可以真正发挥作用的射门空间在球员的外侧、球门旁边及球门线上。当处于这些位置时，你可以在球门线下面找回或接收冰球，将其拉到你的双腿之间，滑到球门线上方的击球位置并在正手位击球。将冰球拉到你的双腿之间有助于保护冰球免受戳球阻截，伪装你的射门击球点。你可以将同侧脚移向守门员或防守队员，让自己在两腿之间留出更多空间并扩大这个保护区域——此时，你应该弯曲膝盖，为自己提供更多的空间。

当你射门时，伸展手臂使其远离身体，以便在击球过程中保持球杆打击板垂直于冰面。球员通常在执行这一动作时，双脚立在冰面上，并且他们的重量被均匀地分布在双脚上。为了将冰球迅速挑高，你可以将双腿间射门与跪膝射门动作结合起来。

小提示

练习将冰球从你的外侧穿过双腿拉到内侧，直到你可以快速自如操作并控制好冰球。在拉动或拖动冰球之前，将手臂向外伸，远离身体，将有助于你在射门前增加移动冰球的距离。穿过双腿将冰球拉出后，伸展双臂会帮助你让球杆打击板垂直于射门方向并确保你在击球前将脚边清理干净。用一个锥体充当后卫或守门员，从你的外侧拉冰球，在击球穿过锥体之前使冰球穿过你的双腿到达你的内侧。

在双腿间射门

❶ 詹姆斯·范·莱姆斯迪克从球门线上拉回了冰球并把它放在自己的双腿之间，准备用正手射门。

❷ 莱姆斯迪克将同侧脚向外转，并将肩膀和胸部转向球门。

❸ 莱姆斯迪克将冰球从两腿之间拉到球门前，以一种动作使冰球从身体前方穿过身体移动到同侧脚的远端。这大大改变了射门角度，并给了莱姆斯迪克一个更好的射门机会。

❹ 莱姆斯迪克的双手转动球杆打开打击板，这样他可以在狭小的空间内迅速挑高冰球。保持低手位，他就能制造更多的空间来执行双腿间射门动作，提高挑球的能力。

拖球移动

拖球移动，特别是正手拖球移动，是最常用的佯攻动作之一，目的是把冰球向外推，远离你的身体，然后再把它拖回来。如果执行得当，拖球移动可以让你先把冰球移到离你身体很远的地方（这是为了引诱防守队员上钩），然后再把冰球拉回你的身体附近来护住它。当你侧向进攻时，拖球移动技术是非常有效的。

正手拖球移动

要用正手拖球移动摆脱防守队员，必须先故意让防守队员发现冰球。你可以将冰球的位置改变一些，使防守队员能捕捉到冰球新的位置，让他们认为冰球是可以

正手拖球移动

❶ 菲利普·福斯伯格略微向外伸杆，并将冰球推到他的正手侧。他正在双脚滑行，并将重心转移到他的外侧。

❷ 福斯伯格转动上手的手腕将球杆打击板的跟部从冰上抬起。当福斯伯格将重心转移到外侧时，他用球杆打击板的尖部拖拽冰球，将冰球放在他的同侧脚附近，并移动上手从体前绕过身体。

抢到的，这样防守队员就会调整他们的位置去抢球。一旦防守队员去抢球，你就可以把球拉回来，然后朝没有防守队员的方向继续移动。

首先，将冰球向外推开，远离你的身体，或置于身体前，或置于正手位。同时，执行正手进攻（侧向或直线向前）。当防守队员对球做出反应时，使用打击板内侧的尖部将冰球拉回，此时的打击板几乎与冰面垂直；打击板的跟部应该悬在空中，它的背面应该朝向防守队员。为了在拖球移动过程中增加控制力度，你可将拇指放在球杆柄的侧面。接下来，将手拉向身体，把冰球拉回来。然后，你可以绕过防守队员，或者将冰球移动到你的反手位，此时，你可以执行侧向进攻到反手位，或者执行侧向进攻到正手位，把冰球移回你的正手位。

为了在做完正手位拖球移动后将冰球移向正手位，你要在把冰球拉向身体的时

通过拖球移动来保护冰球

安德鲁·肖执行了一个拖球移动，以避免在他进入进攻区域时遭到阻截。肖与球门间的角度基本上被防守队员切断，但是通过拖球移动将冰球拖向他的身体，肖避开了防守队员的球杆阻截，并且他可以选择在防守队员的球杆下方击球射门或传球。

候将同侧脚移到身体下方，然后在将球杆伸向正手位时，外侧脚向外发力蹬冰，就像你做侧向进攻到正手位时那样。

无论你选择进攻到正手位还是反手位，你都要把脚放在身体下方，这样会使你的发力蹬冰很有效，并能使你很好地跨出第一步，进入侧向进攻。

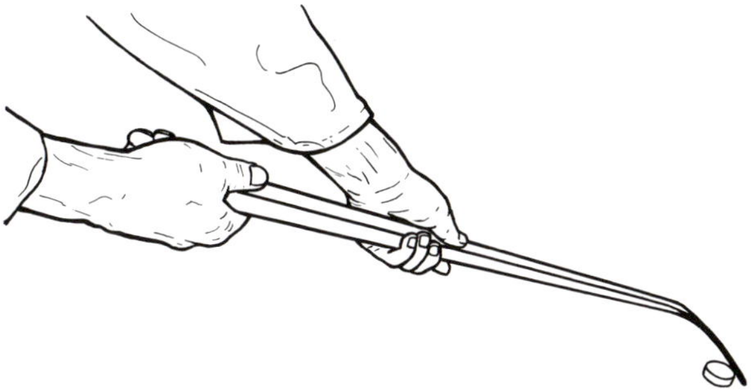

正手拖球移动时手的位置

当冰球位于你的杆面前部内侧时，用手转动球杆，使你的杆面前部着冰并与冰成平放状态，杆面后部在空中。杆面外侧应该面对你的对手。当你把球拉回来的时候，将你的拇指放在杆身的一侧，以便更好地通过球杆控制冰球。

反手拖球移动

为了反手拖球移动，首先你要向外伸长球杆，并在你的反手位把冰球的位置暴露给防

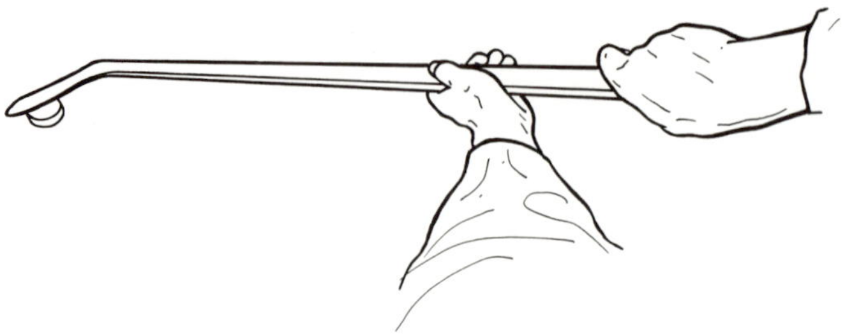

反手拖球移动时手的位置

当冰球位于你的打击板尖部外侧时，用你的手转动球杆，使打击板的尖部垂直于冰面并且打击板的跟部悬在空中。打击板的正面应该朝向你的对手。把你的拇指放在球杆柄的侧面，这会帮助你在拖回冰球的时候更好地控制冰球。

守队员。双手放在球杆上，用打击板背面的尖部把冰球朝你身体的方向拖拽，尖部与冰面几乎是垂直的。这时打击板的跟部应该悬在空中，打击板的正面应该朝向防守队员。

当你把冰球拖回身体附近时，你就要做好绕过防守队员的准备了。你可以把冰球从反手位移到身体的另一侧（同侧）来进行后续的正手带球移动，或者把冰球拖回你的外侧来进行后续的反手带球移动。一定要将双脚靠在一起，以便能有效地发力蹬冰，以及更好地跨出第一步来执行侧向进攻。

单手反手拖球移动

双手拖球移动的原理（故意暴露冰球位置，然后将球拖回身体附近并绕过防守队员）同样适用于单手反手拖球移动，只不过在把冰球拖回身体附近的时候只用你的上手来控制球杆。

单手握杆，用球杆带球向外伸，并且做出要将冰球移到反手位的样子。当你向远处伸杆并控制冰球时，需要将上手和上手手臂抬高。当防守队员对冰球的位置移动做出反应时，你要在反手位用打击板的尖部把冰球拖回你身体附近的位置。

当你在反手位侧向移动时，如果用单手反手拖球移动，你会发现你能更容易地绕过防守队员。你要单手持杆将冰球加速移到反手位，并把你的后续意图暴露给防守队员。一旦防守队员对此做出反应，你就需要减缓冰球推进速度并用单手反手拖球，把冰球拖回身体附近的位置。此时，你可以把冰球转移到你的正手位，并绕过防守队员，或者你也可以把冰球拖回身体附近之后再一次将其移到反手位。

要把冰球拖回你的反手位，你需要在反手位用打击板的尖部把冰球拖向你。当你把冰球拖向身体附近时，打击板的背面是朝向你的，并且你的掌心应该是朝下的。

单手反手拖球移动

单手握杆，练习带球将球杆伸到反手位，拖球移动将冰球拖回反手位，然后再把冰球向外推。从你将球杆外伸到拖球移动，再到将冰球拖回你身边，你的手腕需要转动超过 180 度。记住一定要保持你的手部抬高，以此来保证你在拖球的时候打击板与冰面垂直。

当你把上手手臂收回躯干附近时，转动你的上手使掌心向上，这样打击板就会移到你和冰球的中间。此时，冰球依旧位于打击板的背面。接下来，你需要用打击板的背面快速地把冰球向前推，并一直推向反手位。最后，继续加速把冰球推到你的反手位。这种拖球移动会让防守队员手忙脚乱，并且会让你在拖球移动后有足够的空间在反手位过掉防守队员。

拖球移动的关键

拖球移动通常会起到很好的效果，加速将冰球向外推，然后减速将冰球向回拉。在减速之前伸展手臂可以使冰球暴露得更加明显，并给你更大的空间来拖回冰球。这个做法的思路是先带球加速向前，然后减速，同时向外伸长球杆，即使已经停止向前滑行，你也可以继续向前移动冰球。这会使你的减速不易被察觉，使得防守队员更有可能失去位置。一些球员使用该动作在一对一或两对一的时候取得了成功。在这种情况下，防守队员将向带球者斜移，意图阻挡射门或传球。带球者可以使用减速与拖球移动相结合的方法，改变进攻角度，使防守队员离开位置并为击球或传球创造空间。

运动中射门

在运动中射门是掩盖射门击球点最有效的方法之一，希望你能借助守门员思想松懈之机来射门。当你有一条通往球门的清晰路径时，运动中射门是一种很好的策略，但如果你能将防守者作为屏障来进一步掩饰你的击球动作的话，那就更好了。

通常，在运动中射门指的是在做上交叉的同时用正手在球门处击球。传统射门中，球员在射门前停止滑行，以便在击球时将重心从后脚转移到前脚上。这使得守门员可以对射门提前做准备，调整与射手间的位置，甚至完全封堵住球门。当你在运动中射门时，守门员可能不会料到，并且可能也会处在运动中——对你的击球没有一点准备。

过掉后卫后射门

❶ 当阿提姆·阿尼西莫夫接近对方后卫时，他让冰球远离身体并处于射门姿势。在运动中射门之前，他抬起球杆的跟部以便将冰球拉向同侧脚，从而改变射门角度。他为了改变射门角度而做的拖球移动可以使他不露痕迹地从同侧脚旁进行快射。阿尼西莫夫的动作越快，守门员不会对他的新射门角度做出调整的概率就越大。

❷ 阿尼西莫夫可以将对方后卫作为挡在守门员前面的屏障，进一步掩饰拖球移动后的角度改变及射门。

技术

在运动中射门的最佳方法是在同侧脚的外侧射门。当你的全部重量都转移到同侧脚上，并且做上交叉时，你用同侧脚发力向外蹬冰就可以击球射门了。为了击打冰球，你的双手应该向前推，但是在射门之前应该将其收回来，以便在击打冰球时尽可能多地将重量放在球杆上。在击球之前，有时要对冰球进行轻微的拖球移动使其更接近你，因为这将有助于你控制冰球的路径并最大限度地提高击球力量。你的头应该总是向上抬起，以便你可以寻找到空当并观察守门员的反应。运动中射门可用于多种情况，如当你在假动作之后发力绕过防守队员时，当你从内侧冲向球门时或当你从板墙处移动到冰场的中间时。

小提示

在球门前争球区圆上的内侧平行线和争球点之间放置一个锥体。从球门线处开始，带球滑到锥体处。做密集的上交叉绕过锥体到正手侧并滑向球门，绕过锥体后，在同侧脚外侧滑行中击打冰球。接下来，从相同的起始位置，尝试在反手位绕锥体急转弯半圈。然后，急转弯到你的正手位，向相反方向行进，绕过锥体的远端，朝着球门做交叉步，并在运动中击球。最后，将自己置于外侧板墙处的蓝线上，然后将锥体放在你内侧的争球点上，以一定的角度滑向锥体。当你滑过中场时，接一个从最靠近争球点板墙处蓝线上的球员那里传来的球。当你到达锥体时，使用上交叉发力绕过它，并在球门处执行运动中射门。尝试移动锥体，将其放置在靠近冰场中部或靠近争球区圆形顶部的位置。

踢球假动作

踢球假动作——把冰球打向冰刀然后再将其踢回球杆处——可能是你假动作的一个重要部分。同时，重要的是你要避免为了做踢球假动作而做这一动作，你要用技巧在冰上完成一些有意义的事情。踢球假动作往往带有冒险性，虽然并不常用，但若使用得当，它们也是非常有效的。

文森特·莱卡瓦利耶特技

❶ 莱卡瓦利耶抬起头并寻找可能的冰上传球机会。只要冰球位于他的球杆打击板前面并转到正手侧，莱卡瓦利耶就能随时射门或传球。假装传球可以给莱卡瓦利耶时间和空间来执行踢球假动作，因为带球者的任何犹豫都可以暂时牵制住防守队员。

❷ 莱卡瓦利耶转动手腕，使球杆的跟部离开冰面而尖部立在冰上。

❸ 冰球位于同侧脚足跟的后面及球杆打击板的尖部。当他的外侧脚向下平放在冰面上时，莱卡瓦利耶将使冰球穿过他的两腿之间，然后使它离开外侧脚，移动到他前面的位置。

文森特·莱卡瓦利耶特技

就像大多数踢球假动作一样，这一动作是将球传给自己，由此改变冰球的位置和击球点。如果执行得当，文森特·莱卡瓦利耶特技（简称莱卡瓦利耶特技）将使你带球向前，同时避开球员并保护冰球免受球杆阻截。

使用莱卡瓦利耶特技的目的是使冰球从同侧脚足跟后面、外侧脚的外侧穿过双腿，移动到你反手侧体前的一个位置。开始时，冰球在你的正手侧，此时你正在外侧滑向防守者。尽量转动上半身，这样你就可以用正手将冰球带到同侧脚足跟的后面。你应该向前滑行，双脚与你的行进方向一致，你的肩膀几乎与你的行进方向成 90 度，冰球应该在正手侧，并且是在你的身后。保持头部抬起。

几乎和拖球移动的动作一样，你要用球杆打击板的尖部正面将冰球带向同侧脚足跟处。从那里，将你双腿之间的冰球移动到外侧脚的内刃处，并确保你的冰刀刀刃朝向你的行进方向。你可以让冰球偏离你的外侧脚并继续在外侧脚的前面滑行。一旦冰球到达你的身前，就将身体向前转，接住冰球并继续在外侧发力向前。

冰球穿过你的双腿并离开外侧脚的内刃后，你可以使用同侧脚保护冰球免受来自该侧的球杆阻截。即使你的传球超过了你的外侧脚，你仍然可以将冰球从你同侧脚足跟的后面穿过双腿，移动到反手侧体前的位置，此时你可以用脚踢——用同侧脚保护冰球。

踢球传给正手位

阿尔图里·勒空能用他的外侧脚在腿下将冰球踢到他的同侧，所以当他转身继续在冰上滑行时，他可以在正手位接到球。

当你冲向外侧，并伴随假动作射门的时候，使用莱卡瓦利耶特技是非常有效的，特别是当防守球员要阻挡射门时，你可以向前迈步，也可以在射门被阻拦时减速。当你在外侧遭遇二对一时，莱卡瓦利耶特技也是非常有效的。当你将冰球移到同侧脚足跟后面时，你可以假装将冰球贴冰传给你同侧的队友，然后执行滑冰动作，绕过在你反手位的防守队员。

更多的踢球假动作

假装漏球

你也可以使用踢球假动作和控球假动作与防守队员拉开距离，例如当你向前滑行时，假装错过角落里或板墙处的冰球，而当你继续向前滑行时，只需要用外侧脚冰刀的内刃即可把球移到球杆处。在这个例子中，你假装错过了冰球，使防守队员犹豫不前，并且在你似乎已经错过冰球的时候，他的防守会放松。当你把球移到你的球杆处后，可以利用对方球员反应的时间，立即加速。

帕维尔布雷

当将冰球带到正常的位置时，要快速改变你的射门角度，将冰球从你的双脚之间传到外侧脚冰刀的内刃处。使用外侧脚的内刃，将冰球踢过同侧脚的足跟，并回到你的正手位，此时再准备射门。帕维尔·布雷利用这个动作非常有效地改变了射门角度。

向后传球的变化

把冰球放在你的正手位、同侧脚的后面并转动上身，这样你就可以假装贴冰传球给队友。如果你把冰球放在正手位并向后转过一点儿，同时向后斜移你的冰刀，你也可以假装传球给后边的队友。从该位置处，你就更容易完成莱卡瓦利耶特技了。一旦你身体转动，且冰刀发生斜移，就像要传球给队友时那样，将你的打击板举过冰球，使球处在打击板的背面，然后轻轻地用打击板的背面将冰球滑过你的双腿及外侧脚的内刃。

同侧脚的变化

莱卡瓦利耶特技的另一个版本是将冰球从同侧脚的外刃而不是从外侧脚的内刃传出去。做这个动作时，你不需要像做标准的莱卡瓦利耶特技那样转动肩膀，使其远离你的滑行路线。同侧脚向外偏移，将冰球送到同侧脚的前面，而不是送到你的反手位。如果偏移来自你的外侧脚，那就是在反手侧。

球员在带球到同侧之前，最常用这种变化来做假动作。同侧脚的变化给两只脚的重心转换又增加了一个额外的因素，假装将球带到你的外侧，实际上将球带到你的同侧。当冰球处在正手位时，许多球员喜欢在做完这一版本的莱卡瓦利耶特技后迅速射门或传球，因为它改变了射门或传球的角度。

单手反手的变化

莱卡瓦利耶特技还有一个版本，即开始时冰球在你的外侧。这个版本中，冰球就在你身后，你需要一只手持杆带球，用打击板的背面把冰球从你的双腿之间穿过，从同侧脚的外侧（或者外侧脚的外刃）传出去，然后把球带回身前并朝向你的外侧。使用反手执行莱卡瓦利耶特技的不同之处在于你只有一只手在球杆上，因此你不能假装射门或传球。因为你的身体处于开放状态并且转离了你的行进方向，所以很容易受到阻截。当你快速加速到你的同侧时，这个反手变化是最有效的，减速并转动你的上身，同时把球放在你外侧的后面。使用反手滑冰动作，将冰球从外侧脚的外侧或同侧脚带到你外侧前面的某个点，然后，加速到你的外侧得到冰球。

接收滑过去的冰球

邓肯・基思滑过冰球，准备用单手反手将球再传给自己。基思保持沿行进方向双脚向前滑行并转动他的上半身，让他的上手及球杆伸到身后。在这个位置的冰球可以被身体围起来并且处在双脚之间（有时是离开同侧脚的内刃）和球员身前的一个位置，很容易被拿到。此外，因为基思在向后看的同时向前移动，所以他很容易受到身体冲撞。

当滑过冰球，或当你需要在反手位接收一个远远落后于你的传球时，你也可以使用这种变化。如果冰球在你身后，你可以伸出球杆到反手位，移动冰球到你的同侧脚或外侧脚处，并使它从你的前面偏移到你的外侧。将球杆带到身前，并快速接收冰球，使你能保持向前的动力。记住，保持抬头。

侧向进攻假动作

优秀球员用来佯攻防守队员的动作相当复杂，有时会涉及两次和三次假动作。然而，最有效的假动作通常是最简单的，比如侧向进攻，在正手位或反手位做完假动作后，快速地将冰球穿过身体移动到另一侧，然后快速地绕过防守球员向新的方向移动。当你加速完成假动作时，侧向进攻是最有效的。因此假动作与速度变化相结合，能让你摆脱防守球员。

侧向进攻到正手位

侧向进攻到正手位可以让你的双手一直都放在球杆上，并且做完假动作之后，冰球处于正手位，这是一个很大的优势，因为你可以使冰球处于射击或传球的位置。

简而言之，这个动作是在你的反手位做假动作，然后使冰球快速穿过你的身体移动到正手位，最后用正手击球。

第一步也是最重要的一步，即在反手位完成假动作。在反手位通过伸长你的球杆假装要将冰球在此击出。当你把冰球移到反手位，并以 45 度角带球向前移动时，你就可以把冰球控制在你附近的位置，但这样也会让你离防守队员更近一些（就好像你真的在反手位进攻一样）。记住，冰球离你的身体越远，它回到你身体并转移到身体另外一侧的距离就会越长——这意味着你需要更多的时间和空间来完成这个动作。为了对付那些想靠近你身体的防守队员，最好要使用更短、更快的假动作，并将冰球控制在离你的反手位较近的位置。这一步的关键是表现出你要开始发力到反手侧了。

当你将球杆伸到反手位时，弯曲外侧腿的膝盖，这样你就可以在正手击球时用外侧脚向外蹬冰。当你准备好开始正手进攻时，把你的同侧脚放在身体下方，脚尖朝向你的外侧脚。同时，保持你的同侧脚贴近冰面。当你的同侧脚碰到外侧脚时，将同侧脚斜移到你想要的行进方向并向外蹬外侧脚。此时把双手从反手位移到正手位。把双手从体前绕过身体，然后将冰球向外推，使双手远离身体，再通过伸长球

假装到反手位，侧向进攻到正手位

❶ 康纳・麦克戴维的侧向进攻到正手位始于假动作到反手位，他的手和手臂处于图中所示的位置。从这里开始，麦克戴维将冰球扫过他的身体，并且是在防守队员的球杆下扫到正手侧。当他在正手侧接到冰球时，他的双手处于向外伸的位置。

❷ 反手假动作已经牵制住防守队员足够长的时间了，因此麦克戴维的外侧脚几乎不会触碰到防守队员的外侧脚。麦克戴维的侧向进攻——由他的外侧脚内刃驱动——是如此之快，以致防守队员对他的正手击球没来得及做出反应。

❸ 麦克戴维同侧脚足跟的内刃向外蹬冰，以便绕过没来得及做出反应的防守队员并加速滑行到开阔的冰面上（在那里他已经移动了冰球）。

❹ 当麦克戴维绕着防守队员滑行时，他弯曲膝盖，肩膀下沉。他保持自己的外侧脚贴近冰面，这样他就能在同侧脚发力后快速复位。一旦外侧脚落下，他将会摆脱防守队员，只要防守队员的球杆不会先绊倒他。

假动作到反手位，侧向进攻到正手位

伸长球杆并把冰球放在你的反手位。当你决定进攻到正手位时，弯曲双膝，并将同侧脚带向外侧脚。当你将冰球带向身体中间并将它推向正手位时，用外侧脚内刃向正手位蹬冰；用内侧脚引领发力，然后滑行。在正手位进攻时，先是冰球移动，然后才是脚的移动。

杆使双手移到正手位。当把冰球移到你的正手位时，用打击板的背面把冰球包住。

在你用打击板的正面将冰球推到正手位之前，你可以将冰球拉回一些，以防防守队员的阻截。这一步的重点是你要先把冰球带到正手位，然后身体也要跟过去。

在你第一次大跨步到正手位后——在同侧脚的引领下，外侧脚向外发力——使用交叉步继续加速绕过防守队员。即使在你移动到正手位后可能不需要加速，例如当你正在对守门员做假动作时，你也同样需要在做完假动作之前把脚放在你的身体下方，因为，只有当两只脚都在你的身体下方时，你才可以向任意方向移动。

侧向进攻到反手位

侧向进攻到正手位的方法也可以用于侧向进攻到反手位，你可以比较一下这两种进攻方法：为了侧向进攻到反手位，你需要先假装正手带球，将冰球绕过防守队员，然后将球转移到反手位。

正手假动作传球可以是短距离的，也可以是长距离的——正手假动作的控球范围越大，越能让防守队员相信这个假动作，但同样的，你把冰球带回来的时间也就越长。正手的假动作通常用两只手来完成，并且当你在几个跨步到你的正手位来做假动作时，会非常有效。当伸长你的球杆到正手位时，一定要确保弯曲同侧腿的膝盖，这有助于你完成假动作，并且当你将冰球移向反手位时，会对你用同侧脚向外发力蹬冰有帮助。

当你准备发动反手进攻时，你要将外侧脚移向同侧脚并斜移到你想要行进的方向上。让你的外侧脚贴近冰面向外蹬冰，并让这只脚作为引领脚。用打击板的正面把冰球从正手位移到反手位，同时将冰球拖近自己的身体。这样，在用打击板的正面把冰球推到你的反手位之前可以让冰球远离防守者。

你现在可以拖着在打击板背面的冰球朝你的反手位方向移动了。移动球杆，远离身体和防守球员，使球杆带球向外伸——单手或双手握杆，同时使用交叉步加速甩掉防守队员。这是该假动作的关键，不管你选择用一只手还是两只手来握杆，都要先移动冰球，然后用交叉步加速。如果你在移动冰球的期间加速，你将过快地靠近防守队员，这会缩小你与防守队员之间的距离，从而导致你的进攻空间变小。

侧向进攻假动作后的做法

过防守队员后，在移动中击球

把防守队员当作一个屏障，做完假动作后，发力滑行，在运动中射门来“击穿”防守队员。如果防守队员转身截住你，并有可能撞到你，你可以将球穿过防守队员，因为防守队员不再垂直于冰球，所以在他身体的周围或球杆的下方会有更多的空当。当你要摆脱防守队员射门时，由于你和防守队员都在移动，所以对于守门员来说捕捉到冰球的位置是一项很大的挑战。此外，你还需要做完假动作后在移动中把冰球打出去。亚利克斯·欧维契金非常有效地做到了这一点。

让冰球滑过你的身体并穿过防守队员

当你执行这个动作时，你已经用假动作骗过了防守队员，他们将开始防守你的假动作，因此会留下防守空当，让你把冰球穿过他们传出去。这一动作的关键是要加速执行假动作。你可以用双手将球杆放在正手位或反手位，如果用一只手将球杆伸到反手位来扩大你的控球范围，可能会导致防守队员去“追击”冰球，并且会使你的假动作很难继续进行下去。当防守队员开始对你的假动作做出反应并靠近你时，你要用一只或两只手将冰球移到身体的另一侧，并使冰球穿过防守队员身体间的缝隙（在双脚之间或防守球员的球杆和身体之间）。当你带球过防守队员的身体时，要看你离防守队员阻截的距离有多近，为了避免冰球被防守队员碰到，你可以将冰球朝你的身体方向拉近。理想情况下，你可以在防守队员身体的另一侧取回冰球，然后蹬冰绕过防守队员。

通过足跟转弯进行侧向进攻

在这个动作中，你需要向足跟的内刃施加压力，此时的足跟就像刹车和方向舵一样，能带着你转向不同的方向。

与侧向进攻到正手位或反手位不同的是，你的双脚需要站得宽一些，并一直保持在冰面上。通过向一只脚的足跟内刃施加压力，你的速度就会放慢，向前的冲力会使你的身体转动，同时另一只脚也会迅速朝着这只脚的方向转动，此时，足跟的作用就像方向舵一样。因此，向你的右脚足跟施加压力会使你的身体向右转，向左脚足跟施加压力会让你向左转。另外，为了能向你的足跟施加最大的压力，你要将冰刀的前部从冰上抬起来。

将同侧脚假动作与足跟转向及冰球的运动相结合做侧向进攻：假装向远离身体的那一侧转动，并将冰球带到你身体的另一侧，即你想要转到的那一侧。请记住当你将冰球带向你的身体时，一定要使其穿过你的身体，以避免遭遇阻截。伴随足跟转弯的侧向进攻与传统侧向进攻的最大区别在于伴随着方向变化的速度变化是减速而不是加速。

在面对防守队员和守门员时，或需要减速并迅速改变方向时，运用足跟转弯来进行横向进攻是非常有效的方法。例如，如果当你正朝着一个已经回防到球门附近的后卫加速前进时，并且你距离守门员不是太近，若你想要绕过后卫并迅速射门，这时就要用足跟转弯来进行横向进攻。另一个利用足跟转弯的好机会是单刀突破的时候，你需要减速并侧向移动，以便能够避开守门员，并将球打向高处。这种移动在有限的空间中也可以有很好的发挥。就像其他任何侧向进攻动作一样，当你靠近防守队员或守门员时，假动作可以在你与防守队员对抗时制造出空当，这样你就可以过掉防守队员，然后选择射门、传球或是接一个传向你的球。

当你在冰上做足跟转弯时，有一点非常重要——在足跟转弯后要用前交叉步绕过你的对手，这对你后续的加速非常有帮助。

侧向进攻的关键

做假动作。要尽可能地把你的假动作做得逼真一点，你可以用身体姿势、球杆的位置，甚至是眼神来帮助你完成假动作。然后就是步法，包括积极主动的滑进和滑出动作，它们对做假动作有帮助。

做完假动作后，在防守队员做出反应之前，快速将冰球带到身体的另一侧，然后向相反的方向前进。

将冰球移向你的身体并远离防守队员，同时将它移到你身体的另一侧。这样你就可以在进攻时，避免因距离防守队员太近而被其球杆阻截，给防守队员更少的时间调整，使你到达球门的路线最短。

当你绕过防守队员时，伸长你的球杆。同时，伸长手臂，弯曲膝盖，将双手放在球杆柄的顶端，转动手腕来包住并护住冰球。

单刀突破

单刀突破的基本技术

单刀突破技术的第一条规则是你必须观察、反应和采取措施。也就是说，你必须观察守门员的位置（包括守门员如何应对你的动作），对守门员的动作快速反应，利用守门员的反应为自己创造机会。

速度是你单刀突破的好帮手

扎克·海曼对马特·穆雷实现了单刀突破，他通过改变速度让穆雷返回球门处。在射门或做假动作之前快速向前，然后再减速，海曼所做的这些，可以使守门员移回球门处，为自己创造出更多空间来射门。

在单刀突破面对守门员时，重要的不是确定你接下来要做什么，而是保持放松的心态，就像你在冲刺中突破防守队员一样。你应该对点球或罚球有一个更明确的计划，即使这样，你也必须适应守门员的表现并对此及时做出反应。总的来说，如果守门员后退，离开球门，这时你应该射门；如果守门员向外出击，封锁角度，并想化解掉你的射门，他或她很可能会遇上你的假动作。速度将在你的决策中发挥重要作用。如果守门员离球门很远，但在你接近球门时开始后退，你就应该通过减速来调整，看看守门员是否继续后退，是否为你留下更多的射门空间。如果你快速接近球门，守门员的反应不够快，你可以抓住守门员离球门太远这个大好的机会，很轻易地做出假动作。别忘了守门员在单刀突破或罚球过程中可能会做一些意想不到的事情，比如向外滑出或试图戳球阻截。所以你应该更富有想象力，建立属于你的技能体系并从中总结经验，保持思路开阔，并充分利用它。

处于射门位置

当你进入"红区"或得分区时，即使你最终决定做假动作，也要让冰球处在射门位置。这样你仍然可以选择射门。马里奥·拉缪是这方面的大师。如果你在得分位置，但是冰球处在你身体的前方并且是身体的中间位置，守门员能感觉到你将做假动作，并会对此做出相应的反应，而不是处理潜在的射门或者假动作。冰球许多经典的假动作都始于射门位置或假动作射门，这个位置可以给你许多选择。更重要的是，即使你已经决定做假动作，守门员也可能会在最后一秒让出空门，如果你处于射门位置，仍然可以选择射门而不做假动作。话虽如此，一些球员，如西德尼·克罗斯比，也能够很快地将冰球从他们面前的控球位置移动到射门位置，并迅速射门。不过，常用的方法是开始时将冰球放在射门位置，使你的选择更多，让守门员猜测你的意图。

假动作射门更容易得分

一个逼真的假动作射门是非常好的单刀突破手段。即使你在冰球处于射门位置时犹豫了一下，这也会牵制守门员，让你可以移动到正手位或反手位快速射门。假动作射门动作是十分巧妙的，你需要转动上手，打开打击板（有时被称为"表演和行动"），或者模仿正手位或反手位的射门动作。通常情况下，一旦你已经假装射门并向你的正手位或反手位移动，你应该使用开放式击球，使冰球向上飞过守门员头顶。此时，守门员很可能会伏下身体，贴近冰面，侧向滑动以封锁你正在进攻的这一侧球门。在守门员做出反应之前，快速移动到正手位或反手位做假动作射门（改变你的射门位置），随后将冰球快速打向球门的空当处。你可以在球门近处或远处做这个动作，并将球打入有空当的一侧，挑球越过守门员或直接打向你利用侧向进攻创造出来的球门空当，比如五洞。

同侧脚假动作是具有杀伤力的

对守门员来说，同侧脚假动作射门特别难判断：一只脚从冰上抬起，手向球杆施压，肩膀垂直于球门，这个姿势使你随时都有机会射门——只要你在假动作过程中能一直保持平衡，因为冰球总是处于射门位置。一旦你决定结束假动作，就可以把脚放下来并射门（从双脚外侧），或者将冰球移动到正手位或反手位。在整个过程中，你随时可以射门，甚至从假动作结束，在开始侧向移动之前就可以射门。

犹豫会制造空当

你可以通过模仿射门姿势或快速打开打击板，并在做假动作之前将你的上手远离身体来牵制住守门员。你的手和打击板在移动过程中短暂的停顿可以制造出空当，因为守门员认为你可能真的会用一个近距离的开放式击球来射门。有时，将冰球穿过守门员提供（通过侧向移动得来的）的空当（如五洞）进行移动比绕过守门员更容易。

出手的时机是关键

你离球门的距离决定你击球的时机。守门员能很好地侧向移动，所以可以判断你何时射门。当你将冰球侧向移动，改变射门角度后，你应该立即用快速击球的方式来射门吗？或者你是否有足够的空间和时间绕过守门员，这样你就可以让冰球滑进空门了吗？记住，等待可能会给守门员机会让他侧滑到位并“封住球门”。要记住，你使用的假动作越多，执行假动作所需的时间和空间就越多。多个假动作可能会非常有效，但是你要尽可能早地开始你的假动作，给自己足够的空间来执行它们。单刀突破时，阻击者带来的压力会决定你能使用的假动作次数及方式。

速度是单刀突破的好帮手

任何形式的速度变化都会给进球创造巨大的机会。先快速向前冲，然后在射门或做假动作之前减速，可以使守门员回到球门处，让你有更多空当去射门。当你靠近球门时，慢慢地移动，然后加速，这会将守门员远远带离球门。当然，在单刀突破时，你的速度选择将取决于防守队员的距离及他们在做什么。然而，在任何单刀突破时，你都要尽可能地改变你在红色区域内的速度。一般来说，在保持对冰球控制的同时，尽可能快地移动更有效。以更高的速度移动可以让你获得做假动作的动力，这意味着假动作做得越快，守门员就越难做出反应，也更难侧向移动去封住你的假动作及假动作后的射门。这同样意味着减速也可以作为假动作的一部分，如果你已经滑得很慢了，有些动作就不能做了。

当距离很近时，减速的一个好方法就是使用足跟转弯。你可以通过在一只冰刀的足跟上施加压力，使自己转向想要去的方向。足跟转弯与侧向或垂直方向的进攻动作相结合非常有效。杰森·斯皮扎和玛丽安·加波里克是足跟转弯这一技术的大师。

像亚历克斯·科瓦列夫这样的球员，会通过改变射门的预期速度来欺骗守门员，他们先是扭曲身体，做出高难度射门动作，然后以半速将球击出，这会让守门员很难反应过来。但是，大多数的球门空当只是暂时的，快速击球是最有效的。

改变击球点

这是你能做的最简单和最有效的动作之一。在射门前，通过快速改变冰球的位置，或者把冰球向外推并远离身体，再拖回去，从冰刀的外侧使其倾斜转弯或侧向滑过你的身体，这些都可以改变（有时只是轻微地）你的射门角度。如果守门员对冰球移动没有反应，你将有很大的空当来射门，而这些空当之前是不存在的。你可以带球直接移向球门或以某种角度移向球门。当你在外侧斜移向球门并将冰球移向球门的中心处时，这个动作是非常有效的，这将使球门的远端露出空当。同样，当你从内侧进攻时，这个动作也是有效的，此时你可以将冰球移动到冰场的中间，然后反手将其打向球门的远端。它的关键是要在守门员调整之前，快速改变你的射门点并将冰球打出去。

改变接近球门的方式

许多球员在点球或罚球方面都取得了成功，他们以一定的角度或沿曲线接近球门，特别是从身体外侧移向冰面中间。有时队员改变接近球门的方式是为了进行一个特定的假动作，比如从外侧以某个角度靠近球门，执行福斯伯格的单手伸杆或斯诺拉马的急转弯动作。其他时间，球员会想出其他的移动战术，试探守门员在防守时是否会发生定位方面的失误，从而留下一个可供利用的球门空当。

快速将冰球打向高处

当你距离球门很近的时候，快速将冰球向上打是非常重要的。守门员的侧滑技术正变得越来越好，并能很好地守住球门底部。然而，让守门员制止一个在快速侧向移动假动作后又被快速射入球门上部的球是非常困难的。在正手位或反手位的开放式射门能够很好地让冰球迅速飞向高处。一些教练称这种射门为“3–11”，意思是 3 英尺 11 英寸——正好在离冰 4 英尺的横杆下面。有的教练会要求他们的球员瞄准那些放在球门上方的水瓶来打。不管怎样做，传达的信息已经很清楚了：靠近球

同侧脚足跟转弯

大卫·克雷西在同侧脚利用速度和快如闪电般的足跟转弯，来做假动作将球从正手移到反手。因为克雷西动作很快并且靠近球门，所以守门员不能及时侧向向后移动到他的拦截侧门柱来扑住球。克雷西制造了一个很大的门前空当，守门员的唯一选择是用球杆来阻挡克雷西，同时上半身向后移动，试图封住球门。

门时，把冰球往高打。

双重假动作可以击败优秀的守门员

双重假动作是一个击败有很强预判能力和很好侧滑技术守门员的好方法。双重假动作的关键是要从离球门足够远的地方开始假动作，这样你才有足够的空间在必要的时候把球在第二次假动作结束后打向高处。一个非常有效的双重假动作包括一个假动作射门（正手或反手）和一个侧向假动作，在快速返回你最初发动假动作的那一侧之前，将冰球移到相反的一侧。当侧向进攻时，把你的假动作和脚部动作结合起来使用，你就能在改变方向时加速；或者交替使用足跟转弯或外刃反推，这样你就可以减速，给自己更多的空间将冰球打向高处。

福斯伯格

可能最终用来改变冰球位置和与球门间角度的动作是球员用一只手握杆向外伸并改变冰球的位置，就像彼得 · 福斯伯格在 1994 年利勒哈默尔冬奥会上击败加拿大队并为瑞典队赢得金牌时所做的那样。

方法

你可以用这个动作直接射门，但最好是先在身体外侧进行斜移，因为该动作很大程度上依赖侧向移动来为射门创造一个空当。首先，从你的外侧攻向球门，此时，冰球在你的正手位，然后移动到冰场的中间，这样冰球就处于冰场的中间，你的冲力会带你从近处的门柱移向远处的门柱。一旦滑至球门中间，你就假装向球门的远端射门，暂时牵制住守门员。记住，做假动作时，要用到你的身体、球杆，最重要的一点是要用到你的眼神。

当你做假动作的时候，先穿过球门向远端移动，就好像要将冰球向正手位移动一样，但实际上却是将冰球移到你的反手位，与你之前的动作相反，然后单手握杆，使劲将球杆伸到你的反手位。你的身体将停在远侧门柱附近，此时你能够伸长手臂穿过门区，将球轻打进球门的空当。

面对技术高超的守门员时，他可能会对这个动作有预判，但你可以用假动作击球到远侧门柱，然后在将冰球移向你的反手位之前伸长球杆，将球带到你的正手位。这一额外的控球动作将迫使守门员跟着冰球到远侧的门柱，使近侧的球门大开。

完成福斯伯格

❶ 安塞・科皮塔尔的手在球杆的顶部，他尽可能地将球杆伸到他的反手侧，将冰球扫到了空门中。

❷ 科皮塔尔假装到远端（守门员的球杆侧）的假动作是如此成功，以至于他在完成移动之前几乎撞到了守门员，这也使科皮塔尔失去平衡。理想情况下，科皮塔尔会弯曲他的外侧膝盖并将他的重量均匀地分布在他的外侧脚上，而冰鞋将处于平刃滑行状态。这样就可以让科皮塔尔能够在反手位用单手击球将冰球挑高。

如果你的假动作射门能够很好地牵制住守门员，那么当你从正手位向远侧门柱推进时，守门员可能会不顾一切地试图和你缠在一起，这会让你在球门近侧有更多的射门空当。

当你将冰球从正手带到反手时，要谨防被戳球阻截。为了避免被不顾一切想护住球门的守门员的球杆挡住，你可以试着用单手反手击球将冰球挑起来。

初始动作

彼得·福斯伯格以他著名的技术动作躲避科里·赫希。福斯伯格开始移动的时候速度很快，并且从自己的身体外侧（赫希的手套侧，球门的近侧）开始斜移。假装将球打到球门的远侧（赫希的阻截侧）后，福斯伯格加速滑向了球门的远侧，在那里他立即伸杆将球带到他的反手位，并做了一个足跟对足跟转弯，这使他能够朝向转弯处并将球杆尽可能地向外伸。

斯诺拉马

这一动作也被称为“萨瓦第安斯诺拉马”，以 NHL 伟大球员谢尔盖·萨瓦德和丹尼斯·萨瓦德的名字命名。两名球员都曾使用这一动作绕过对方球员到达开阔地带或门前，但很少直接用在守门员身上。

斯诺拉马反手击球

❶ 史蒂文·斯塔姆科斯，右手球员，急转弯到反手位——用同侧脚的外刃和外侧脚的内刃——来完成斯诺拉马。他的转身开始于发力滑到守门员阻挡他的那一侧。

❷ 斯塔姆科斯抬起上手，远离身体，以保持他的球杆打击板在整个斯诺拉马过程中都垂直于冰面。他略微转动手腕，闭合球杆打击板盖住冰球，以使其便于控制——这也使他能够在离开斯诺拉马的时候处于适当的射门位置以进行反手击球。

❸ 此时球门的整个上半部分大开，斯塔姆科斯在完成斯诺拉马的时候将弯曲膝盖并降低双手，让他的反手击球超过守门员的护垫。

方法

当在外侧接到某个角度传过来的冰球时，最好使用斯诺拉马。在正手位射门，然后用力滑向远端门柱，在整个滑行过程中将球带到球门远端。当你冲向球门时，你应该更靠近球门远端而不是球门近侧，将冰球移到你的反手位，然后开始侧向滑动，你的身体要背向球门。从侧滑开始，你需要向反手位急转弯，使冰球远离守门员，然后再回到球门的近侧。守门员这时应该是向外倒下的，随着你带球向球门的远端侧向移动，球门的近侧露出很大的空当，使你能够在急转弯后反手把冰球打进球网。

斯诺拉马

达茨约克

随着各种假动作越来越流行，点球大战仍然是 NHL 比赛的重要组成部分，球员们不断使用创新动作以突破守门员的防守。帕维尔·达茨约克标志性的竖直方向和侧向移动就是一个很好的例子，展现了一个高水平球员是如何利用现有条件来创造新的和有效的技术动作的。

斜移离开守门员

❶ 帕维尔・达茨约克以直截了当的进攻和同侧脚的佯攻射门开始了他的移动，并移动到了球门的一侧（哈丁的手套侧）。

❷ 达茨约克正在向前移动中，此时，他将同侧脚朝外侧脚斜移，让自己远离哈丁并滑向球门的另一侧。

❸ 在同侧脚假动作射门期间，他的外侧脚从高处落回冰面。这将帮助他滑行。

❹ 他把球杆的打击板举过冰球，这样他就可以用反手控制冰球。随后，达茨约克将继续滑向他的外侧（球门的远端），同时用反手拖住冰球，直到他摆脱哈丁。这时达茨约克将把冰球转移到正手位，并将其挑射入球门。

方法

开始这个动作最好的方式是快速、直截了当的进攻。当你到达扇形区域内的平行线处时，将冰球拉回正手位，并假装用同侧脚击球到球门的近侧（左手球员的球杆侧，右手球员的手套侧）。在同侧脚假动作射门过程中，你需要从冰面上抬起外侧脚，帮助实施假动作，然后把冰球向前推，就好像你要把冰球打向球门的近侧一样。当你到达射门的击球点时，不要发起进攻，把你的上手推离身体，举起球杆越过冰球并用打击板的背面将冰球向回拖。同时，转动你的同侧脚，使你的脚尖斜移指向你的外侧，然后用这只脚滑行，穿过球门的前面，滑向球门的远端，此时，结束假动作。这样做会让你远离守门员，并朝向远端球门的空位处，因为此时守门员会从你的假动作中恢复，到达球门的近侧。

向外斜移（前视图）

这是达茨约克拖拽的前视图，你的同侧脚朝你的外侧脚斜移并远离守门员（球门的远侧）。当你用反手把冰球拖过门区时，记得使它远离守门员，并将球带向同侧脚的足跟。

当移向球门远端时，为了避免被戳球阻截并绕过守门员，你需要将冰球轻轻地拖到同侧脚足跟后面。身体从躯干往上需要转动，转动方式与莱卡瓦利耶特技中的转动方式大致相同。当你开始向远侧进一步移动时，你可以将外侧脚放下，使重心转移，这将帮助你滑行到远侧。当甩掉守门员后（你将几乎站在球门远侧门柱旁边），将球杆举过冰球，使冰球处于打击板的正面，正手将其射入球门。此时，你正手位带球并将球打入球网，而守门员应该在球门的另一侧倒地向外，露出球门上部一大片空当。但是，要小心，最后一击不要失误——要将球往高打。

练习达茨约克拖拽

处于冰球比赛的姿势。在你的同侧脚前面 2 到 3 英尺处的冰面上放一只手套，并且在你的脚和手套之间放一个冰球。练习时你的脚不动，用球杆控制冰球绕过手套。首先，用打击板的正面移动冰球绕过手套的外侧。当到达手套的顶部时，把你的上手推离你的身体并将打击板举过冰球。然后，用打击板的背面拖动冰球绕过手套的顶部和内侧，直到回到最初的位置。不断重复上述动作。

外刃反推

这个动作会让你通过迅速而剧烈的方向改变来骗过守门员。当用一个假动作从内侧接近球门时，使用外刃反推是有效的，但也只是之后的三重假动作的一部分！

方法

这一动作被归结为通过使用同侧脚冰刀的外刃来迅速改变球员的方向（从左到右）。要做到这一点，需要注意的是，当你向外侧滑行并且所有的重量都在外侧脚上时，同侧脚的外刃垂直于你的行进方向——你的足跟指向你的外侧，你的脚趾指

反刃推冰到正手位

❶ 史蒂文·斯塔姆科斯用同侧脚的外刃将冰刀推入他前面的冰中。这样做从根本上改变了他的行进方向，他从反手位发力滑到球门的远端（守门员的球杆侧），再用假动作横跨球门到正手侧。

❷ 斯塔姆科斯打算用反手做假动作将冰球横跨球门到他的正手侧。随着他的上手向上抬起，他将用下手将冰球拉向他的身体，保护冰球免受守门员的球杆阻截。当他在守门员面前横跨过球门时，他会将冰球带到他的正手位并将上手抬起靠近身体，以便能够将冰球挑高越过守门员并打进球门的顶部。

❸ 为了尽可能地将守门员推回球门处，斯塔姆科斯在非常接近球门的情况下执行了外刃反推。通过向后倾斜，他的外刃反推将使他远离守门员。斯塔姆科斯进一步远离球门，当他正手带球滑到球门的另一侧时，他会有更多的射门空当。斯塔姆科斯的身体倾斜也将使他能够迅速挑高冰球。

向你的内侧。通过将冰刀的外刃猛插到冰中并弯曲膝盖，你便能从跨步中得到力量，并以与你行进方向相反的方向移动身体。同侧腿屈膝越大，身体越靠近冰面，反向蹬冰后的速度就越快。你将冰刀推入冰中时越用力，反向移动的加速就越快。一旦反向推冰开始，外侧脚就会跟随引领脚的路径，也会在外刃完成回转。

最终的三重假动作

通过将冰球放在利于从内侧正手击球的位置上开始假动作。此时，要么在那个位置带球停顿一下，要么将上手朝向身体并打开打击板。这能足够牵制守门员，使守门员不得不时刻盯紧你的下一个动作。第一步之后的假动作是使劲发力到你的外侧。将冰球从正手移到反手并使用几个快速交叉步来配合做假动作。当你横跨过球门，从你的内侧移动到外侧时，这会让你看起来像是要进行一个朝向外侧的反手击球。接着就是外刃反推的时候了。在你用交叉步发力滑向外侧期间，抬起同侧脚，指向外侧——你的体重完全压在外侧脚上——并且快速将同侧脚在空中扭转，使足跟指向外侧，脚趾指向内侧。然后伸出同侧脚，使同侧脚冰刀的外刃与前面的冰面接触，且与你行进方向成 90 度。当你朝着内侧移动的时候，可以向后倾斜身体并向外伸腿，减轻冰刀的重量和阻力，提高你的速度，并且你可以将双手伸向身体并打开打击板，如果需要的话，可以选择将冰球挑高。

小提示

双脚指向肩膀的正前方，保持一定宽度站在冰面上，抬起你的同侧脚并将它移到体前你想“反推”的位置，足跟指向你的外侧并且脚趾指向内侧。冰刀外刃与你面对的方向成 90 度，置于冰面上。最初，你只需用冰刀外刃刮掉一层冰。试着使用直腿和屈膝来完成这两个动作。接下来，在尝试相同的动作之前，用同侧脚跨步，这一次，不只是刮冰，而是朝向内侧用外刃稍稍切冰。当你熟练后，增加速度来反向推冰，最后增加一些交叉步。一旦你可以执行所有步骤，带上冰球并练习控球时执行上述动作，然后提高速度。最终，你将掌握一种猛烈但却流畅的外刃反推动作，你可以将它作为假动作的关键部分！

团队技能

争球技术

冰球的控球权对进攻成功至关重要，每次争球都有机会获得冰球的控制权。在特殊的比赛中及在进攻和防守区域，争球尤为重要。

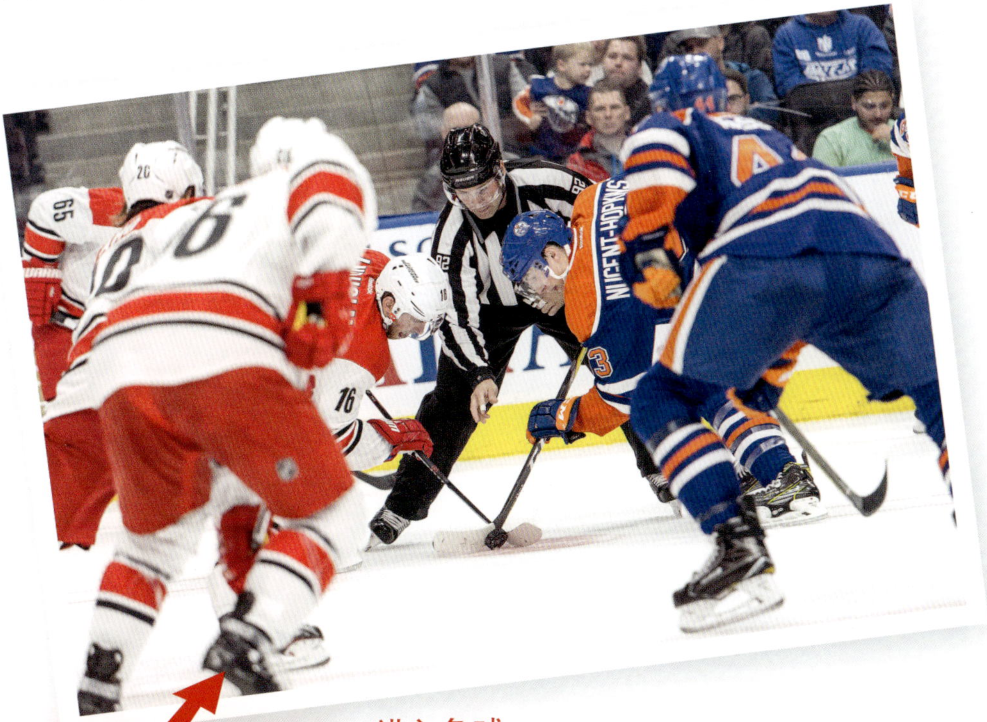

扭转下手握杆

在争球时，两位前锋都选择使用扭转下手握杆，试图抢到冰球传给队友。两名球员都将下手放在球杆柄的下部以起到杠杆作用，但瑞恩·纽金特·霍普金（3号球员）的眼手一致及冰刀内刃的合理放置使他有一个优势来赢得这次争球。请注意，前面的球员已经开始向争球点移动，以期帮助本方赢得这次争球。

进入争球

一些争球的方法会增加你抢到球的机会。在你准备好争球之前，花一点时间确保所有队友都处于适当的位置。这不只是让他们处于防守位置，还需要他们能够在争球时趁乱拿到球。记住，很多争球都不会赢得干净利索，抢球结束后，可能哪一方都没有得到冰球。争球时，要注意对方中锋手的位置并试着预测他或她将在抢球时做什么，将争球的位置考虑在内。

当你准备好后，就可以移动到既定的位置准备抢球了。你的双脚应该分得足够宽，以给你平衡和良好的支撑，但不要太宽，那样的话你就不能快速移动去抢冰球。弯曲膝盖，使你处于一个稳定的冰球比赛姿势，因为经常会碰到抢球的机会，不要将膝盖弯得太狠，那会限制你迅速抢到冰球的能力。

你应该握住球杆，将你的上手沿球杆柄向下移动，同时下手向打击板移动，这会使你相当贴近冰面。你应该向前倾，使你的上半身靠近争球点。球杆打击板应该贴近冰面，但一开始不要把你所有的重量都放在球杆上，因为这会妨碍你快速用球杆抢球。球杆的挥动速度对争球的成功至关重要。你的重心应该在脚掌上，使你在冰上保持平衡和力量，这样你就可以迅速发力移动到冰球处，特别是如果你要快速向前移动或试图“转到”你的反方向时。

扫球

乔纳森·特夫斯（19 号）可能会赢得对阵图沃（86 号）时的争球。特夫斯使用正手握杆准备拉球，并且在跟对手对抗过程中将打击板扫到反手位。接下来他将扫球到正手位，把冰球带到争球点的“封闭”侧（边裁站立的地方）。两名球员都紧握他们的球杆，以增加力量和更快的反应时间。

在抢球之前，再看看对方中锋，寻找任何与对手的球杆或身体定位有关的东西，从中看出他们的意图。决定你是否可以对他们的位置加以利用。例如，如果你的对手正在将冰球拉回某一侧，并且你想将冰球移动到同侧，也许是为了清空这块区域，你可以利用对手的拉球动作将冰球移近你的目标区域。

在冰球落地之前，你要决定如何能抢到球和要怎么做才能成功。通常，把冰球拉向裁判更容易些，因为你可以斜移身体，将球杆伸到争球点的“开阔”侧（对面边裁站立的地方），此时，你仍然处于合理的位置。如果你将冰球拉向边裁，会给你带来一些优势。这就是为什么在防守区域内将球拉向守门员的右侧时，左手中锋可能更希望将冰球拉向他们正手位的角落的原因，尽管他们的反手更加强壮，因为边裁总是在争球点的板边处。

冰球落地前你应该处于合适的姿势，双脚处于正确的位置并且球杆位于争球点的底部，将注意力集中在边裁手中的冰球上，准备快速争抢掉下来的冰球。尽可能向前倾斜进入争球点，同时保持双脚处于合适及合理的位置来进行抢球。你的上半身越接近球杆，就越能更好地利用你的体重给你拉球的力量。准备用你的脚将抢球时露出来的冰球传到队友手中。

争球技术

扭转下手握杆

扭转下手握杆会给你一个非常强大的“拉力”，将冰球从反手位拉回你的正手位或穿过你的双腿。这种握杆的缺点是对方中锋很可能会知道你打算在哪里拉冰球，如果没有抢到球，你可能要迅速改变握杆姿势接着抢球或处理大家都没抢到的冰球。在进攻区域中，请记住，你可能有机会在抢球后从争球点附近击打或传出一个乱飞的冰球。保持你正常的握杆方式可能会让你利用机会在争球后得分。此外，使用扭转下手握杆时，你很难调整或改变在拉球时或拉球之前所用的方法。尽管有这些缺点，还是有很多球员喜欢扭转下手握杆，因为这会给予他们在反手位额外的力量来拉球，这在你和对方中锋同时碰到冰球时尤为重要。

上手短握球杆

该技术具有许多优点，它可以为你提供更快、更准确地到达冰球的路径，就像棒球运动员短握球棒那样。如果在争球圈中有一场抢冰球大战，这种握杆方式可以使你在球杆上增加额外的力量。当与扭转下手握杆结合使用时特别有效，它们会在

转身

贾登·施瓦茨在争球时使用转身动作将自己置于与他争球的对手和冰球之间，这可能确保他的防守搭档顺利回撤。施瓦茨的转身也阻挡了他的对手的球杆，所以即使他没有抢到冰球，他的对手也无法像他原先计划的那样向后移动冰球。最后，施瓦茨的转身为他的队友们提供了开阔的争球点，帮助他们争抢到冰球。

你的正手侧、反手侧都提供强大的“拉力”。但缺点是当在争球结束后争抢或处理冰球时，或者是移动到防守区时，你可能需要调整上手握杆的姿势。

假变化

如果你擅长在反手位用正常的握杆或扭转下手握杆来拉球，你可以试着向对手展示扭转下手握杆，然后在拉球之前将握杆姿势转到正常的姿势。你的对手会认为你打算正手拉球或者向前移动来阻挡对方的中锋。然后，在冰球落地后，你可以反手拉球。另一个中锋可能对你反手位的快速拉球还没做好准备，这会让你有机会赢得争球。

扫球

扫球指的是先将球杆打击板在冰面上扫半圈，无论是正手还是反手，然后再扫过冰球。这项技术很有效，因为将球杆扫过冰面可以让你的击球更有力量。即使对手的球杆先触碰到了冰球，如果你有强大的扫冰动作，你仍然可以赢得抢球大战。

在这个过程中，你可以使用正常握杆或扭转下手握杆进行扫球。

掉落和削球或掉落和击球

这一技术包括将你的球杆向前移动，经过冰球，然后将其放下以接触冰球并在正手位或反手位上削球或击球。对于那些拥有好的球杆和良好时机并且当冰球接触冰面时能接触到冰球的球员来说，这是一项非常有用的技术。你可以使用普通握杆或扭转下手握杆执行掉落和削球，但是球员通常可以通过正常握杆更快地执行此技术。

向前轻触冰球及往回拉球

在这一技术中，当冰球落下时，你可以正常持杆并使打击板快速向前移动，在打击板往回移动，接触到冰球并将其往回拉之前，用打击板或球杆柄向前轻触对方球员的球杆。轻触实际上是一次击球，速度快且力量大。当与你争球的球员击球方式与你一样时，这种技术最为有效。在任何时候你都必须知道其他球员球杆的位置。在争球时，时机总是很重要的，使用这种技术时更是至关重要。如果你为了轻触，移动得太早，你就会被挤出争球圈；如果你移动得太晚，在你不打算这样做的情况下却可以将冰球向前推；如果时间恰到好处，你将获得一个不受对方球员阻碍的开阔场地，所以它可以帮你在进攻区制造很好的得分机会。

阻碍和踢球

在这一技术中，你要在拉球结束后快速向前移动，短暂地挡住对手的球杆，然后用脚将冰球踢回给一个队友。你可以通过简单地向前扫球杆来阻碍对手的球杆，这样你和对方球员的球杆柄就会在打击板的上面接触到。如果你的球杆在冰上并且球杆柄与对方球员的球杆柄相对，你的对手就很难移动他的球杆。你不需要长时间阻碍对手的球杆来让你的脚踏上冰球并将它踢回去。

这一技术的另一个版本是转身和踢球，在这个过程中用你的球杆对着对手的球杆并将你的身体转向对方球员，这会让你处于对方中锋和冰球之间，使你能用冰鞋移动冰球。同样，时机和速度至关重要。跳得太早你会被挤出争球圈。移动得太晚，你的对手会拉回冰球。如果发生这种情况，你至少应处于良好的防守位置。希望你能努力挡住对方中锋的球杆，并阻挡其往回拉球，此时你的队友可以快速移动，阻挡对方球员接到拉回来的传球。

补射

随着“球门前压力”的普遍存在，球门被以补射和变线的方式攻破并得分的情形比以往任何时候都多。为了利用被挡住的守门员和门前的众多球员，有时候明智点的选择不是通过射门来得分——通常，射手只能看到很小的球门空当——而是把球射向你的队友，让他们进行补射。

遮挡、补射和转身

❶汤姆·皮亚特以打冰球姿势持杆并将其尖部指向射手的方向。

❷皮亚特在不接触守门员的情况下尽可能地接近球门区顶部和守门员。他完美地让自己挡住了守门员的视线，使其看不到自己的击球路线。

❸皮亚特已经对冰球进行了补射，并转过头和肩膀来追踪冰球。如果队友已拿到冰球并且可以使用反弹技术，那么皮亚特的首要任务就是处理反弹球。

设置

当你的球队在进攻区获得冰球并将其移动到扇形区时，理想情况下，队友应该处在扇形区域中间，即争球区两段平行线之间。在这里，球员可以击打出冰球。通常一名球员要在射门期间穿过扇形区并且位置不固定，可以与射手成一个角度，他或她的球杆处在击球线内或附近。第二名队友的位置是不动的，即站在守门员面前并面向射手。这名队友的作用是遮挡守门员的视线、补射和处理反弹球。

补射和反弹

执行遮挡、补射和反弹时，要确保你在击球前处于冰球和守门员之间，背部朝向守门员，你的冰鞋处在蓝线的外侧并且膝盖弯曲成固定的姿势。这样，你才能为射门做出有效的遮挡。为了补射，你的球杆打击板应朝向射手。当射门不中时，你可以补射冰球，最好用球杆的打击板，也可以使用球杆柄，穿过或靠近身体的侧面，目的是改变冰球的方向，但击球的速度几乎不变。因此，保持你的球杆打击板指向射手并略微倾斜比从垂直于射手的打击板处补射效果更好。

当你补射时，转身面对守门员并寻找反弹球。如果守门员使冰球转向或反弹球进入角落或球门侧面，你必须第一个冲到冰球前，这样你的球队才能保持球权。用迈克·巴布科克的话来说，门前的球员必须“控制门前、后壁和进攻角”。为了最有效，你必须有很快的手速和良好的手眼协调能力，能够处于有利位置并获得反弹球，有站在球门前的勇气和性格，以及第一时间从门前面到端板或角落成功追逐并争夺任何未受控的冰球的速度。能意识到进攻区内比赛的走向，以及在正确的时间移动到合适的位置掩护队友，这些都是创造门前压力的有效因素。一旦掌握了这项技能，你将成为一个强大的进攻武器！

技能

即使是年轻球员也可以学习在面对射手时将冰球改变角度射向球门的技能。

五名球员将自己固定在一个圆圈周围，面向圆点，然后你站在圆点上。从圆圈上的一名带球的球员开始，（你）面对这名球员。然后，带球的球员将冰球从你的腿脚间穿过，此时，将你的球杆打击板指向射手，试着让通过你双腿间的冰球发生偏转，传给站在你身后圆圈上的球员。

当你学习这项技能时，圆圈上球员的传球会变得越来越难。你要转身跟随偏转的冰球并面对正在接收该冰球的球员，然后该球员在你的双腿之间将球传出去。随着技能的提高，速度也随之提高，然后可以添加第二个冰球，让每个人都真正地动起来。

年龄较大的球员可以在中间的圆圈中进行此练习，大圆圈上的球员可以往后撤并执行越来越难的传球。当你掌握了这项技能后，试着在冰上传球。你将学会让你的球杆打击板尖部指向传球手并倾斜打击板，使用打击板的中部和跟部来引导冰球，在此过程中，传球或射门速度减慢太多。一旦你掌握了这个技巧，无论有没有守门员，你都要移动到门前，并尝试从该点练习补射。记得转身并跟随偏转的冰球，这样你才能及时掩护、补射和处理反弹球。

27
CCM
danforth
BAUER
CCM

4 训　练

2017 年夏天，布法罗军刀队在该队的开发训练营中进行了一次练习，练习的目的是利用急转弯换向。

动态技能训练

内外刃交替迂回前进

目的

教授并让球员记住一些身体技能，包括前进和后退时的速度滑冰，同时在带球滑冰或寻找机会接球或传球时通过适当的刀刃工作来转弯和过渡；也能教授心理技能，包括预判、观察、阅读比赛和反应能力等。

设置

你可以将训练设置为全冰场、半冰场或跨冰训练（在进攻区域）。球场上的球员充当其他球员的移动式大门或障碍物。应该有 10 ~ 12 名球员在整个冰面上移动，并且所有球员都必须始终抬起头来。级别 2 和 4 给出了说明。

训练

级别 1：球员在整个球场处理冰球，由点及线。当前面的球员围绕第一个锥体转时，下一个球员离开。球员围绕锥体急转弯，然后交叉加速到下一个锥体及球门。

级别 2：球员在整个球场内无球前进。教练位于球门的一侧、起点的对面，一旦球员绕过最后一个锥体，教练就要将冰球传给他。为了接到传球，球员必须打开打击板。

级别 3：与级别 2 相同，但是球员在场地内向后滑动到最后一个锥体，然后在最后一个锥体处转身向前滑动并寻找教练的传球。

级别 4：与级别 2 相同，但是球员向前滑动到第一个锥体后，反身向后滑动到下一个锥体并继续，直到滑到最后一个锥体处，接收来自教练的传球。

级别 5 和级别 6：球员带球在球场内先向后滑，接着向前滑到第一个锥体并向后滑到下一个锥体处，然后继续滑行，期间一直带球。

级别 7：从在每个锥体处的球员开始。球员将球传给处在第一个锥体处的球员，该球员再将其传给下一个锥体处的球员，直到冰球到达最后一个锥体处的球员，该球员接球并射门。每个球员在传球后立即跟随他们的传球。

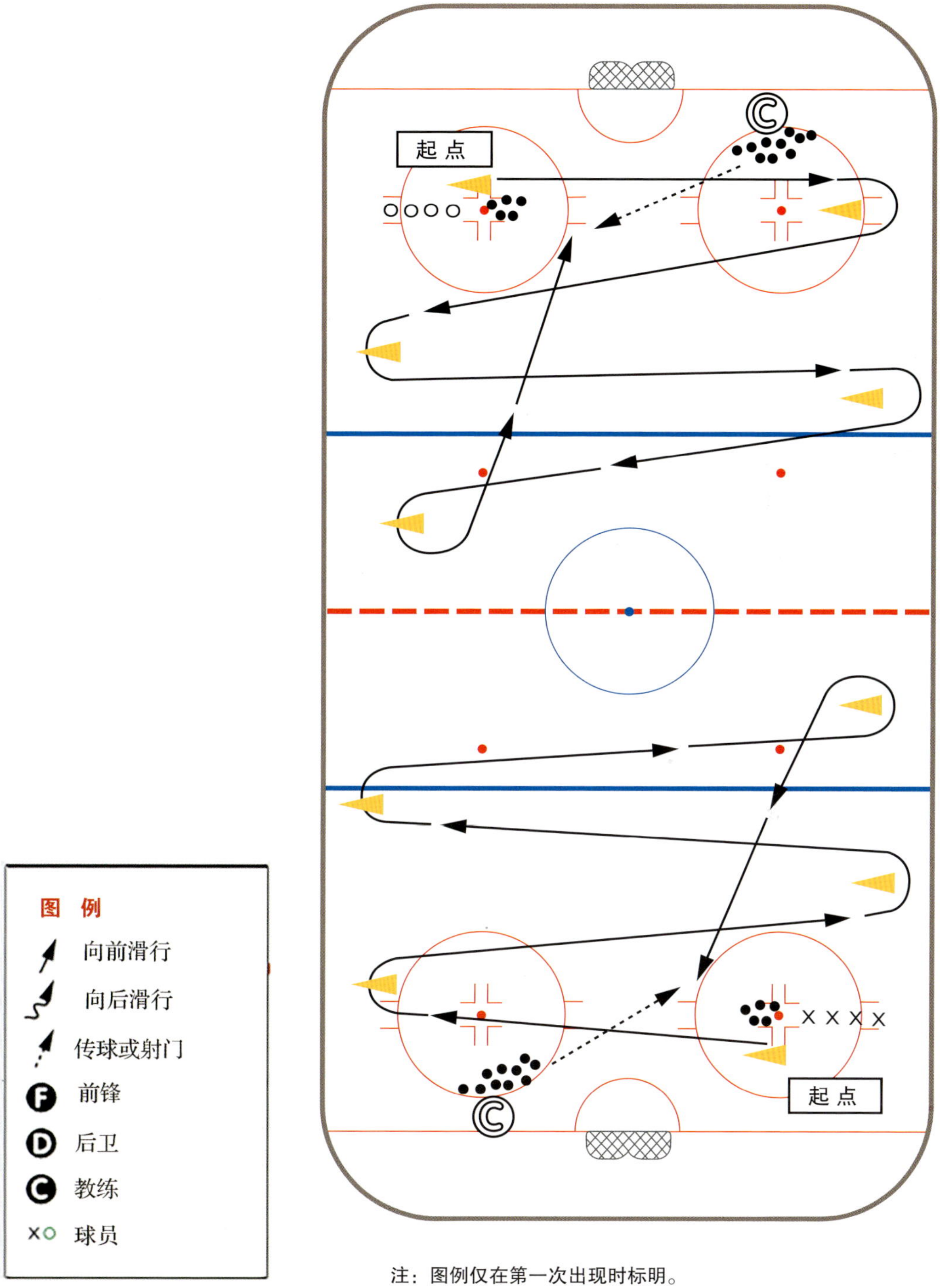

注：图例仅在第一次出现时标明。

随意滑行课程

目的

这是教授正确的上交叉和下交叉（带伸展脚踝）的最佳练习方法，以及如何带球穿过人流滑行。训练球员保持头部上抬，以避免与场上的其他球员发生碰撞。

设置

训练沿着冰场的一侧或两侧设置，球员两端都有，冰球一端有。在球场上滑行的球员充当带球运动员的移动球门。最多可以有 20 名球员同时在场上移动。

训练

开始时，球员不带球从争球区的平行线处滑到蓝线。在蓝线处，球员执行侧向迈步（学习上交叉、下交叉和侧向移动的第一步）。

球员练习交叉（行进方向决定了是外侧脚跨过内侧脚）并通过将整个刀刃平放在冰上结束每个交叉——球员不应该用脚趾部分向前“跑”。脚踝应该放松，下交叉脚的脚踝应该转动，以便在另一条腿做上交叉时保持冰刀在冰面上。

在场上随意滑行的球员的球杆应该总是在他们的肩膀之间，他们的肩膀应该垂直于行进方向。更熟练的球员可以带球在冰上随意滑行。

这些球员在训练区域艰难滑行，并在加入带球的球员之前用前交叉步完成他们的滑行。

最后，球员带球练习在随意滑行球员的面前移动，就好像他们是防守队员一样。携带冰球的球员用一记门前射门来结束练习。

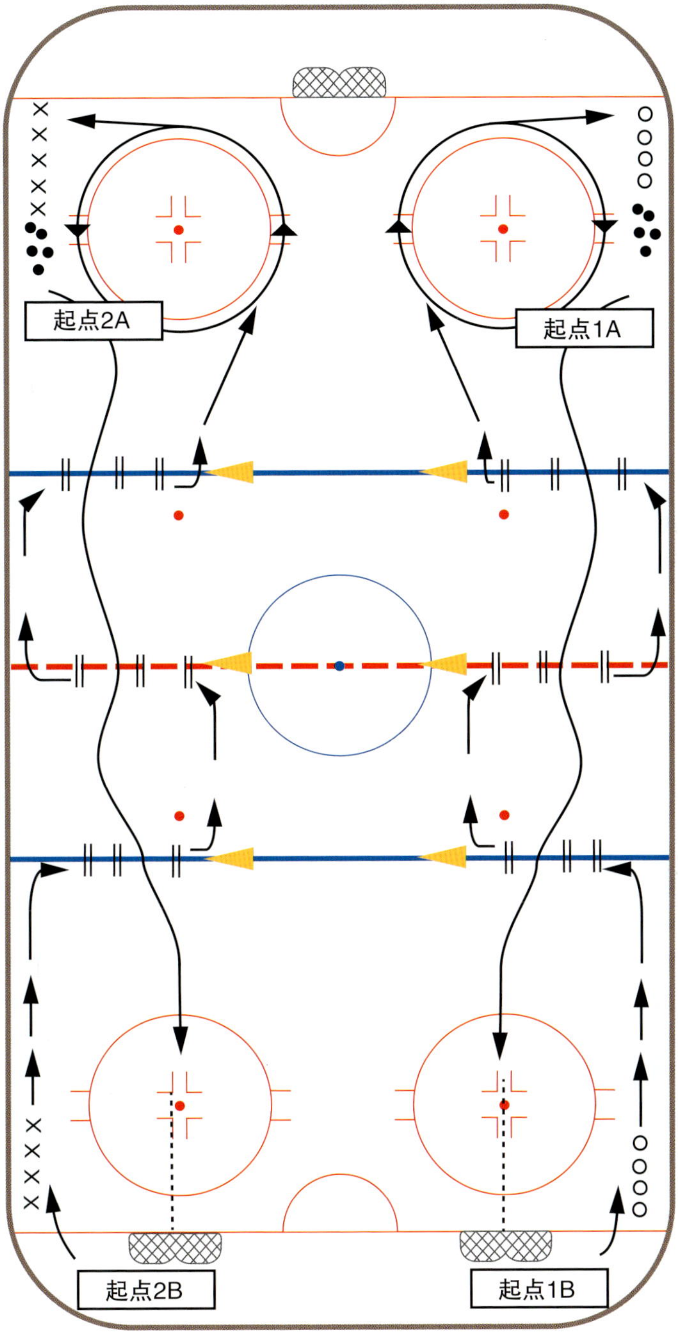
起点2A
起点1A
起点2B
起点1B

Wow 路线训练

目的

练习向前和向后的快速滑行时，通过调控冰刀刀刃的转换来实现急转弯，完成带球滑行或寻找接球机会；训练球员保持头部抬起，避免与球场上的其他球员发生碰撞；训练球员 1 对 1 时的门前发力。

设置

在全冰场进行练习，便于显示向后转到向前时的变化。球员分两组练习。场上的球员充当其他球员的移动球门或障碍物。防守队员应该加入训练中，以便他们完成整个过程。级别 2 给了明确说明。训练之所以被命名为“Wow”是因为从空中看，它显示为两个 W，中间有一个 O（圆形冰场的中心）。

训练

级别 1：带球向前滑过整个冰场。当前面的球员绕过第一个锥体时，后面球员出发。

级别 2：不带球向前滑过整个冰场。从争球区的平行线开始，向后滑行到第一个锥体，再向前滑到下一个锥体，再向后滑到下一个锥体，然后向前接收来自蓝线处离争球点最近的教练的传球。

级别 3：与级别 1 相同。在前进的路线中添加防守者，防守者追踪场上的球员到最后一个锥体并且与球员在球门前形成 1 对 1 的阵容。球员交替扮演两种角色来进行训练。

级别 4：与级别 2 相同，但像级别 3 一样添加防守队员。

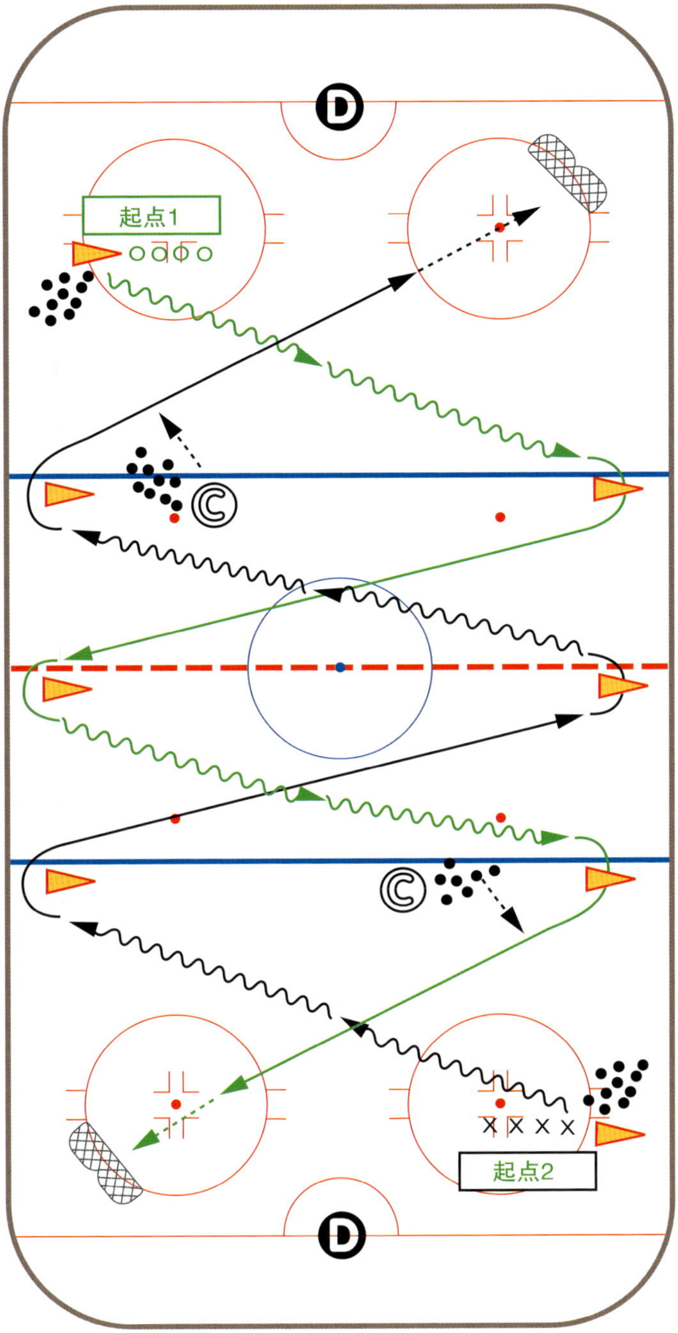
起点1
起点2

旋转曲线训练

目的

在带球通过人流时，练习快速滑行通过，重点是在急转弯和绕过障碍时控制好冰球。训练心理技能，包括预判、观察、阅读比赛、反应能力等。

设置

训练设置为全冰场练习，有四个击球点（每个循环中球员需要进行两次射门）。球员们在训练课开始时被分成两个小组。场上的球员充当其他球员的移动标志物或障碍物。头部要向上抬起！

训练

类似 Wow 训练，但增加了全冰场迂回式进攻。

球员通过 Wow 训练带球向前并将冰球打向球门。射门后，球员拿起一个新的冰球（靠近球门）向远处球门攻击。球员必须带球迂回前进到冰场的另一端，并穿过所有完成 Wow 训练的球员，在待在球门处的球员队伍之前，在争球区远射攻击球门。所有球员都时刻保持抬头！

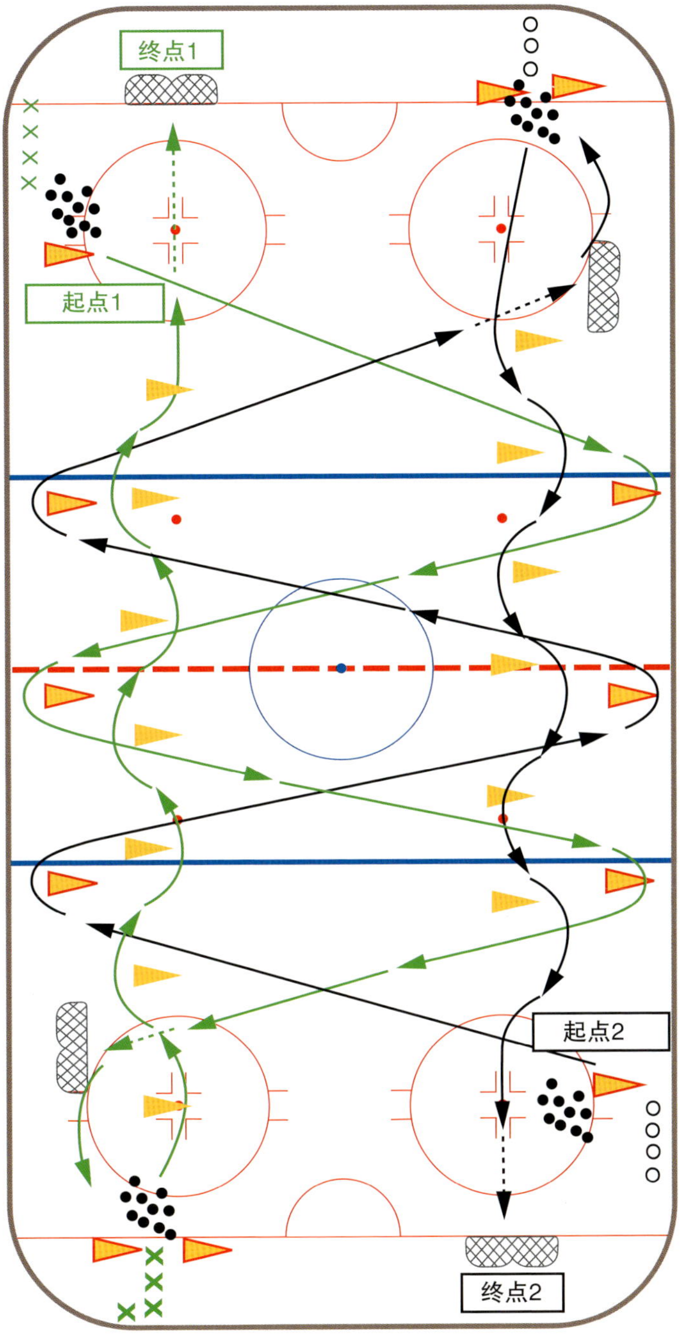
终点1
起点1
起点2
终点2

涡流式曲线训练

目的

教授正确的上交叉和下交叉方法（使用脚踝延伸），以及如何在转弯时以正确的姿势滑行（带球或不带球）。训练球员保持头部抬起以避免与场上的其他球员发生碰撞。

设置

训练被设置在全冰场，训练路线汇聚在冰场中心处（练习分两队，每队各占半个球场）。球员从对方争球区的平行线开始，并在他们开始的同一端结束。级别 4 给出了说明（带球向前滑行）。提示：一名教练在中心圆圈中，沿着球员应该行进的方向滑过圆圈，帮助每个人保持专注。

训练

级别 1：没有冰球，球员只是围绕圆圈向前滑行，做交叉时，要注意身体和球杆的位置，这可以最大限度地提高滑行、加速度和速度。球杆打击板应始终位于圆上，上手绕过身体并位于下手前臂的下方。在退出冰场中心之后，球员拿起一个冰球开球并在球门处射门。

级别 2：没有冰球，球员只是围绕圆圈向前滑行，做交叉时，要注意身体和球杆的位置，这可以最大限度地提高滑行、加速度和速度。球杆打击板应始终位于圆上，上手远离身体，使球杆打击板垂直于冰面。在退出冰场中心之后，球员转身向前，拿起一个冰球开球并在球门处射门。

级别 3：结合前两个级别，在每个争球区平行线处从向前转换到向后。

级别 4、5 和 6：与级别 1、2 和 3 相同，但是要带球穿过球场。在这些级别中，教练充当红线处的阻截者。

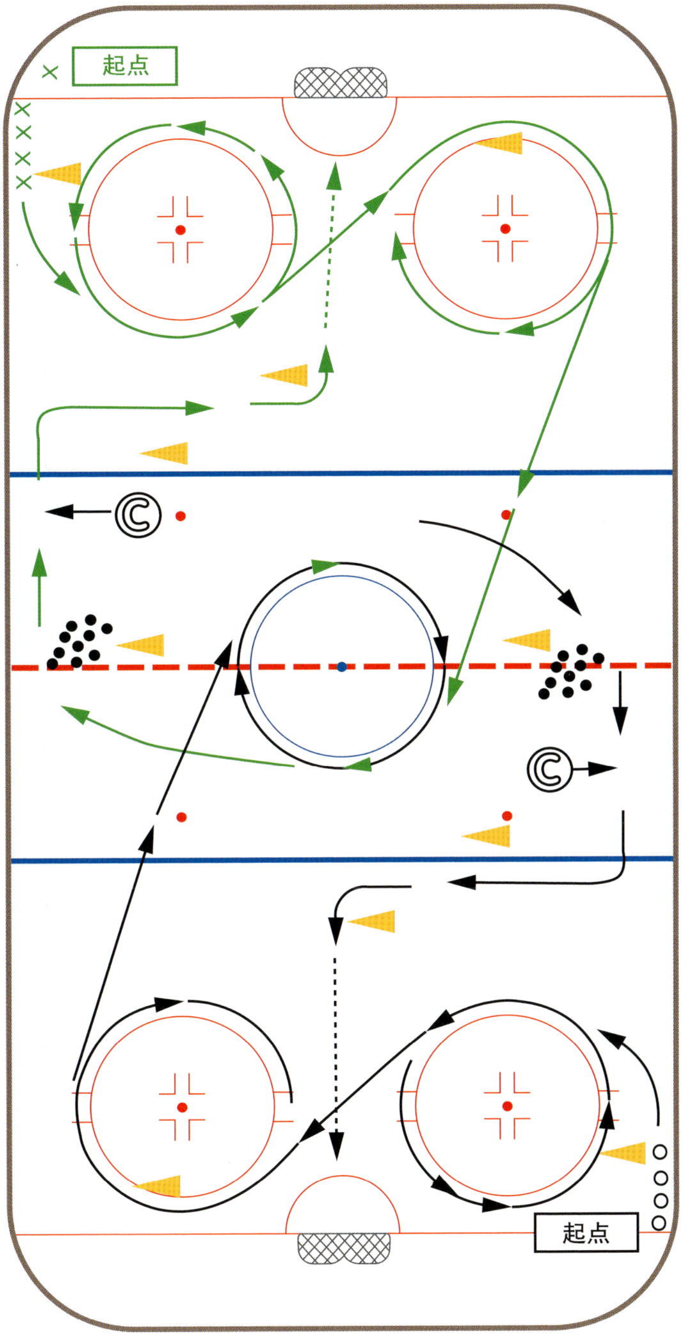
起点
起点

螺旋式曲线训练

目的

对于在球场上移动的球员来说，这项练习可以教会他们抬头滑冰、传球和保护冰球（全部都要带速度执行）。对于其他位置的球员来说，该练习的重点是时机、传球、快速冰球运动和准确性。训练结束时，参加比赛的球员可以练习 1 对 1 的战术。

设置

训练可以沿着冰场的一侧或两侧设置。每个场地有 5 个位置：

❶ 冰场上的滑冰者；

❷ 冰球传球手；

❸ 冰球传球手；

❹ 冰球传球手；

❺ 猛冲过来的后卫。

球员从位置 1 开始并转到所有位置。为了有少量的训练变化，可以去掉守在门前的后卫。

训练

级别 1：位置 1 处的球员在不带球的情况下离开争球区处的平行线，从位置 2 处的球员处接到传球并向前滑行，在对位置 3 处的球员执行给球离开的传球之前，先急转弯绕过锥体。位置 1 处的球员在下一个锥体处重复相同的动作，对位置 4 的球员执行给球后离开的传球。当位置 5 的球员防守门前的时候，来自位置 1 的球员在远端攻击守门员。然后，来自位置 1 的球员移动到位置 5 并且转过所有位置，最终返回位置 1。所有球员都是在他们前面的球员执行了第一次给球离开的传球之后开始动作的。

级别 2：球场上的球员都要采用“双重转换”绕过每个锥体。这种滑行动作先是向前滑行，然后使用前后方向转换绕过锥体，最后在接到传球之前执行后前方向转换，加速离开锥体。这是教授给球员的流畅转换的最佳动作之一，通过转换可以向前和向后转移动力，使球员能快速启动。

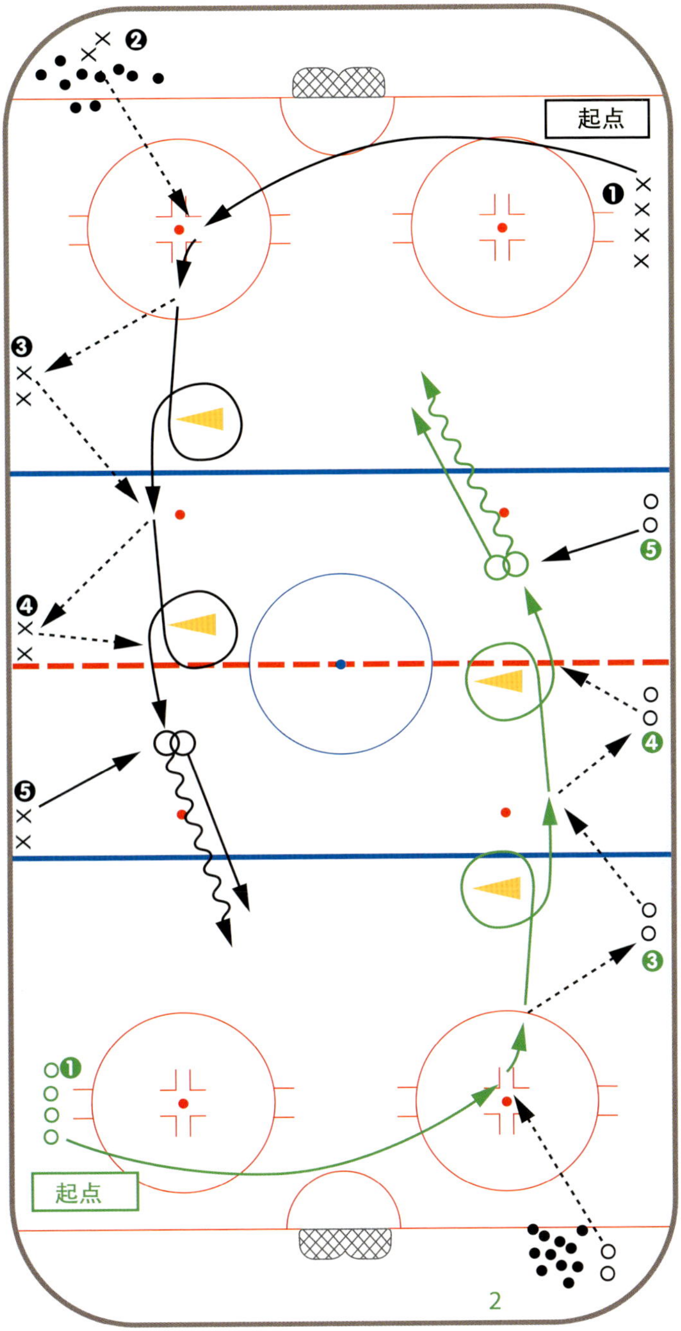
起点
起点
2

动态团队训练

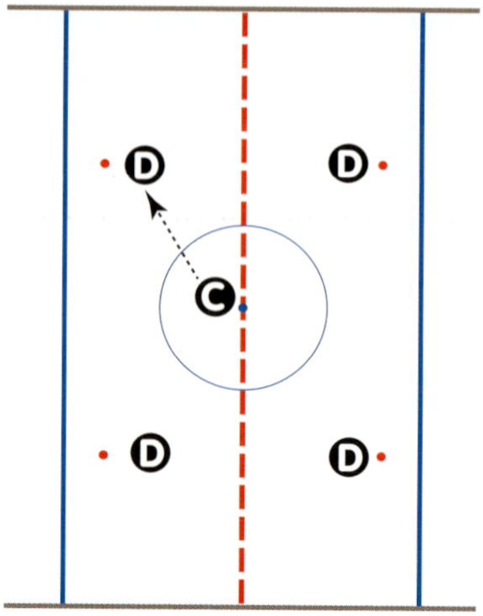

在圆点上的后卫

目的

为了教授侧向移动性、快速冰球运动及后卫良好的首发传球。

设置

教练带球位于中间，争球点上有两组后卫，每组两人。

训练

教练将冰球从中心点传给四个后卫中的一个，后者在争球点和红线之间来回移动。然后，教练在“前场阻截”后卫，使得后卫必须侧向移动才能将冰球传递给参与训练的其他后卫。每隔 30 ~ 40 秒转动第三防守队。

2 对 2 低位对抗

目的

教授前锋在进攻区域拿球和得分技巧；教授后卫防御技能及如何在狭窄的空间内施加压力。

设置

两个前锋位于面向球门线的争球区的平行线上；两个后卫位于面向蓝线的点的任意一侧。教练带球处于中间。

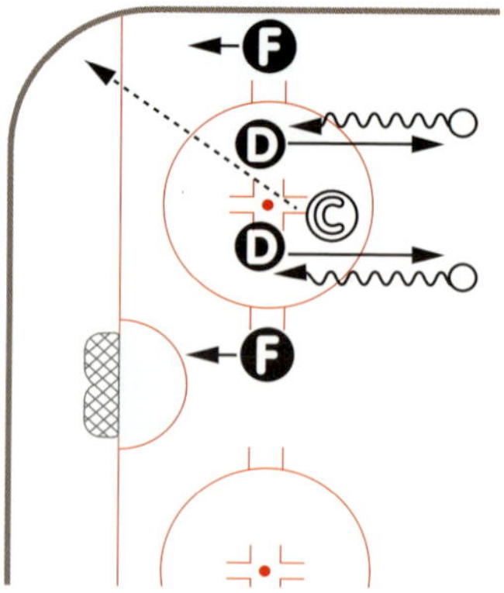

训练

在教练的指令下，后卫在圆圈上方向前滑行约6英尺，然后朝向球门线向后滑行。由于防守区域收紧，所以教练将冰球低射到角落。前锋在进攻端，直到球射出后才能移动。这是一场2对2的比赛，后卫试图扭转局面而前锋试图得分。

背后施加压力

目的

在类似比赛的形势下对进攻方的背后施加压力。

设置

所有的球员都在背对板墙的中区，主教练（持有冰球）面对球员。

训练

两名后卫从板墙处突破到蓝线处。他们从蓝线向前滑行到红线，向后朝向防守区滑行。然后教练将冰球扔进防守区，后卫找回冰球。同时，三名前锋从板墙处脱身并与两名后卫汇合，组成五人的队伍向外突破。

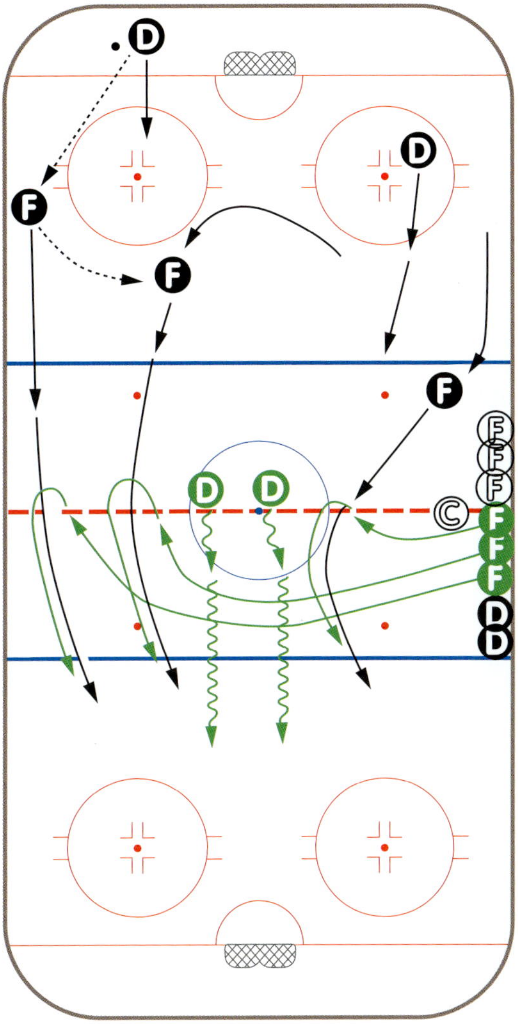

两名新的后卫从板墙处突围来对抗这五个人的突破。

三名回守区阻截的前锋已经在红线处做好准备。一旦相对的前锋在进攻中穿过红线，他们就要追逐，回守区阻截并守卫这块区域。

这个五人防御队伍试图强制扭转局面。当他们移动冰球越过蓝线时，教练将一个新冰球扔进刚刚被清除的区域，五人防御队伍在进攻端向外突破。两名新的后卫突围出来进行防御，另外三名回守区阻截的前锋取代了他们在红线上的位置。（图中教练已经扔进冰球，并且该五人队伍正在向外突破；后卫已经准备就绪并且回守区阻截者也已经就位，正在等待前锋越过红线。）

在中区转换和进攻

目的

练习在转换中移动冰球并在进攻区获得以多打少的机会。

设置

教练带球站在红线上的板墙处。在每条蓝线内侧的板墙处，前锋被分为两组（不同颜色的球衣或围巾在这里代表不同的队伍）。后卫被分成两组来对阵前锋及斜对角与其颜色匹配的前锋。

训练

两名后卫移动到红线处并准备防守。对面的两名后卫向前滑行到红线并向后转身朝向他们的区域。教练将冰球抛到他们背后的区域。一名后卫转身得到冰球并将冰球传给他的伙伴（Ⓓ到Ⓓ）。

三名与后卫成斜对角的前锋带球滑向该区域并重新组合进行突破。后卫将冰球传给三个前锋，由他们来进攻防守区。

一旦前锋越过蓝线形成3对2，领先突破的后卫将停在红线处来防守下一波冲击。两个新的后卫（在形成3对2的区域内的板墙处等待）向前滑向红线并向后朝向蓝线。教练将冰球抛入他们的区域，三个斜对角的前锋移动突破，并且不停地重复此训练。

此练习可以按2对1、3对1或3对2进行。

添加双重转换

该训练是为高水平的球员准备的。

在中区转换和进攻的版本中，当前锋在中区突破防守者得到冰球后，他们将冰球传给防守的后卫，后者以后卫到后卫的方式传球，同时前锋重新组合来进攻突破防守者。防守后卫将冰球传递给前锋，后者正在滑向后卫，这些后卫现在正在回撤进行防守。当他们仍处于中区时，前锋将冰球传递给正在突破的后卫，后者以后卫到后卫的方式传球，而前锋再次重新组合。前锋第二次从参与突破的后卫手中接过传球，并形成 3 对 2 的人员比进攻防守队员。

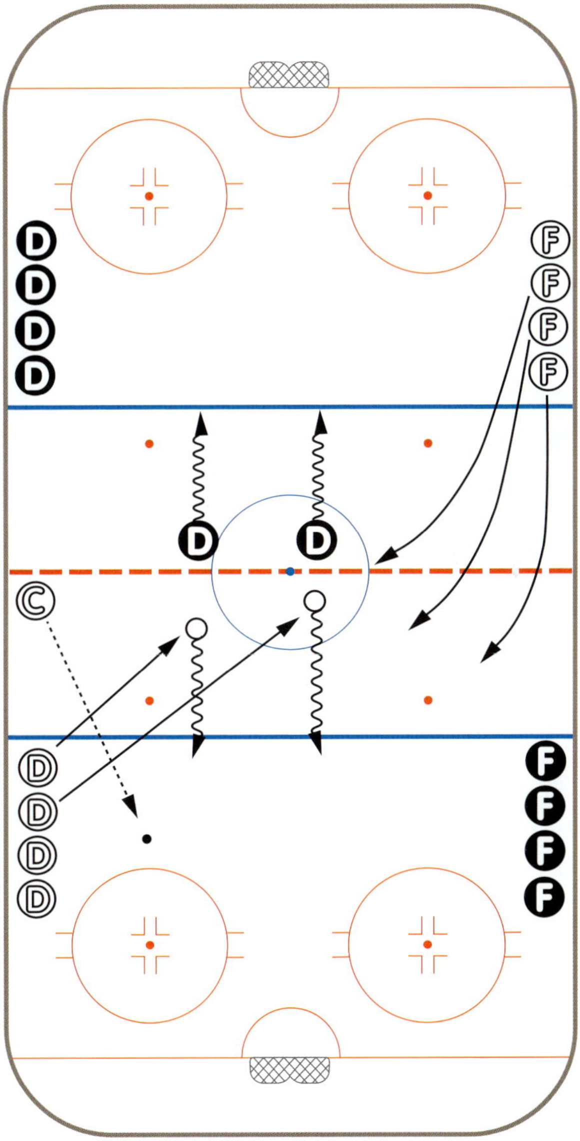

突破和防守

目的

练习在转换中移动冰球以求得在混乱中产生以多打少的机会。

设置

前锋位于冰圈的中心；后卫在争球区平行线处，背靠板墙；冰球位于对角处。

训练

两名后卫从相反的两侧端区争球点处开始移动。在教练的指示下，圆点上的后卫向前滑到争球圈的顶部，然后向后滑到争球圈的底部并转到角落里取回冰球。同时，来自中心圈的两名前锋滑入各自的区域并准备突破后卫远侧的区域。围绕在板墙处的后卫在争球区平行线处将冰球传给突破过来的前锋，后者将其传递给第二个前锋，第二个前锋就像一个中锋一样进入该区域，在远端接受传球和进攻。传出冰球之后，后卫向上滑行以抵御从另一端进攻的前锋。训练可以按 2 对 1，3 对 1 或 3 对 2（在突破前进行后卫到后卫的传球）进行。初始传球也可以变化。球员可以用打击板护住冰球，将冰球带到球门后面直接传给第一个前锋，或者他们可以带球传给第二个前锋（中锋）。当你使用两名后卫时，会有更多的变化。记住，要有创意！

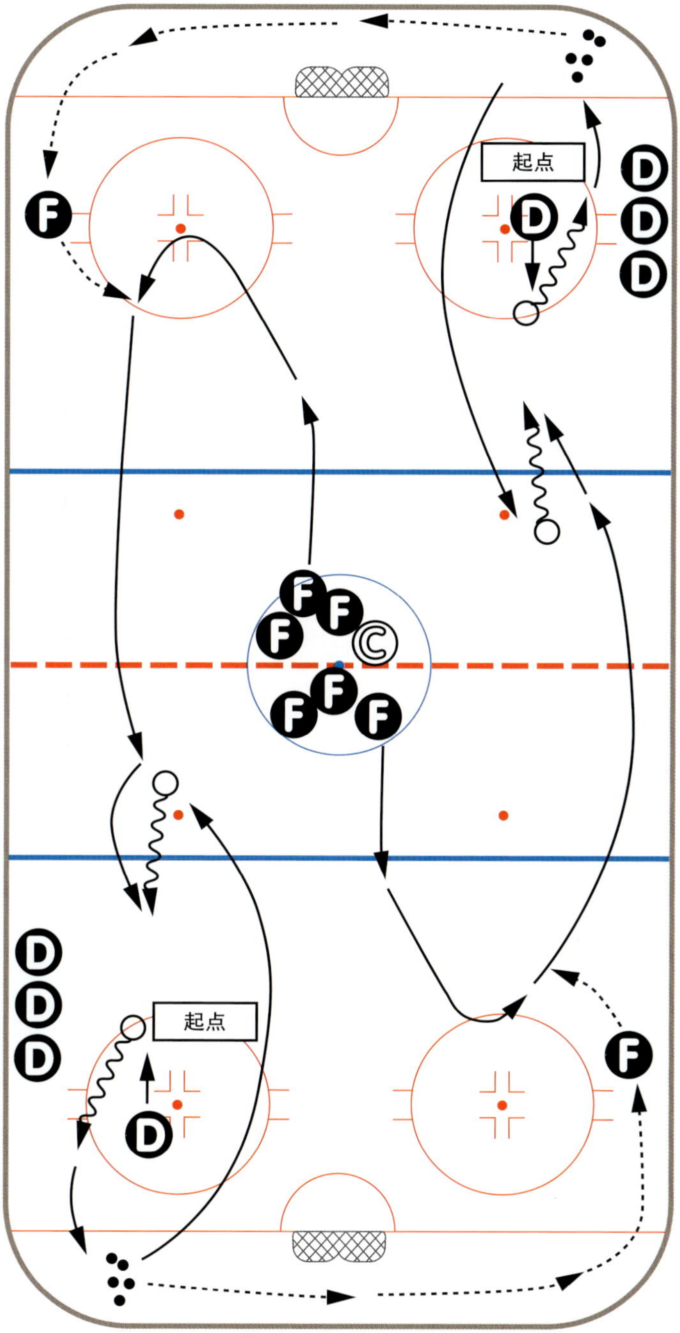
起点
起点
F
D
D
D
D
F
F
F
C
F
F
F
D
D
D
D
F

快速短切球

目的

作为突破和防守练习的加强版，它可以让球员在转换过程中练习快速移动冰球，以便趁乱产生以多打少的机会。它还能使球员学会在一个移动的球员前面短切冰球的技巧，这可以帮助球员获得间接传球。

设置

与突破和防守相同。

训练

在这个过程中，中心位置的前锋（F2 和 F5）接收用于突破的传球，并将冰球带到蓝线与防守区内的板墙相交的地方。当球员到达这个区域时，教练令球员向其施压，迫使其传球。这个传球是通过短切传球给移动球员的。

F2 和 F5 将冰球从板墙处切出来并打出该区域，传到 F3（或 F6）前面的位置，该位置的球员可以在他或她加速通过中区时将冰球取回。然后该球员 1 对 1 攻击后卫。为了更加有趣，可以提前做第一个短切球（在争球区平行线和蓝线之间的半场位置），然后由 F3 和 F6 到 F7 和 F8（他们可以从中心圈出来进入进攻区）添加第二个短切球，这样就能在一次进攻中使用两个短切球。练习也可以发展成 2 对 1、3 对 1 或 3 对 2（在突破前进行后卫到后卫的传球）。

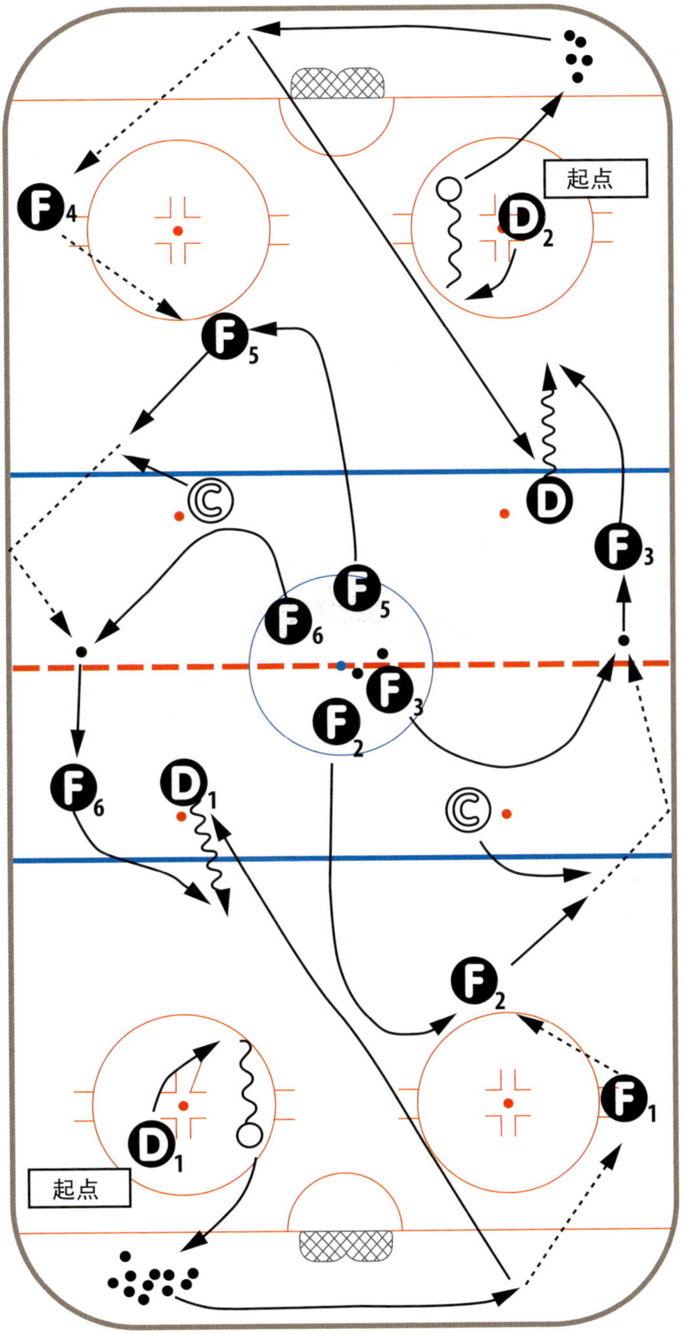
起点
起点

连续 2 对 1

目的

在转换中练习快速冰球运动，产生以多打少的机会。在连续的运动环境中会有很多的冲撞，也会有很多机会迫使你快速思考和提高冰球技术（快速提高）。

设置

所有球员都在对着板墙的中区；教练持冰球开始训练。

训练

一名后卫从蓝线向前滑向红线，然后向后滑回蓝线。后卫身后的冰球被击出去并被教练带入该区域。

两名前锋离开中区，与后卫一起离开该区域。一名新的后卫进入中区形成 2 对 1 的人员比来防守前锋。另外两个前锋跟随前两个前锋穿过中区并等待防守后卫强行扭转局面。一旦进攻前锋有机会来到球门，后卫将停止向前冲，并尽快将冰球传给其中一名新的前锋，后者找寻新途径突破。另一名新的后卫进入中区形成 2 对 1 的人员比来防守这些前锋。两个新的前锋跟随他们穿过中区，并且训练连续不间断。

后卫开始训练，在他们练习 2 对 1 防守后要开始下一轮 2 对 1 的防守练习。练习的人员比可以提高到 3 对 1 和 3 对 2；你也可以在做同样训练的时候，对防守后卫加入一些冲击来增加攻击性！

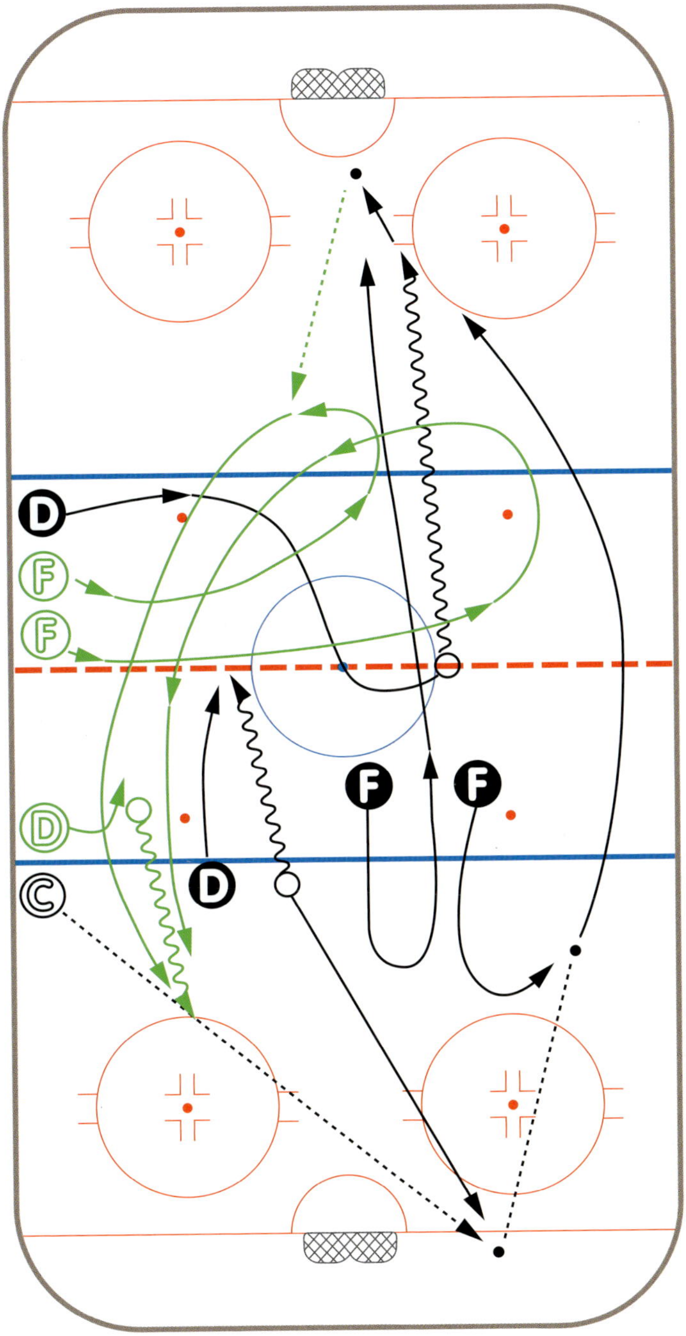
D
F
F
D
C
D
F
F

词汇表

反手位　与你的同侧相反。当你处于打冰球姿势时，你的打击板远离身体较远的一侧。

后脚　以传统方式射门（或传球）时，距离目标最远的脚；侧向滑行时，距离目标最远的脚。

前脚掌　趾骨与跖骨着地的部分。

球杆的打击板与冰面垂直　握住或移动球杆时，打击板的底部垂直立在冰面上。

冰刀半径　冰刀的轮廓。

身体垂直于目标（或方向）　使你的肩膀和上身躯干朝向目标或方向。

下手　你的同侧手，上手以下的位置握住球杆的手。

调整手腕　在射门或传球时转动上手和下手的动作。击球时，先转动手腕使打击板从闭合状态转为打开状态，然后再迅速转动手腕使打击板闭合，由此来控制冰球；在这个过程中，手腕转动幅度很大。

身体的中心线　将身体沿垂直方向从上到下分成两半的一条虚拟的线。

闭合打击板　对于右手球员：球杆的打击板，开始时垂直于冰面，转动后与冰面形成一个小于 90 度的角，此时，打击板的背面朝向冰面；当打击板与冰面的角度大于 90 度时，打击板的正面朝向冰面。对于左手球员来说：球杆的打击板，开始时垂直于冰面，转动后与冰面形成一个小于 90 度的角，此时，打击板的正面朝向冰面；当打击板与冰面的角度大于 90 度时，打击板的背面朝向冰面。

力量交替　在特定的滑冰技术中，在一个周期内发力滑冰的完整动作。

发力　腿和冰刀的合力，使冰刀向下推冰并且发力腿朝远离身体的方向用力。

远边　相对于球员来说，球门距离球员最远的一个门柱。

脚垂直于目标（或方向）　用你的脚定位，使你的脚趾朝向目标或某个方向。

平刃　一个“完全”平的冰刀，你踩着的冰刀从前到后、从左到右都是平的。

平刃，从前到后　你的重量均匀地分布在整个冰刀的刀刃上，从脚掌（前）到足跟（后）。

平刃，从左到右　你的重量（及你施加的压力）均匀地分布在冰刀的内刃和外刃上。

正手位　内侧（或同侧）；与外侧相反的一侧。用正手射门时，你就是从这一侧击球；当你处于打冰球的姿势时，这一侧就是打击板所在的一侧。

前脚　当以传统方式射门（或传球）时最接近目标的脚；当侧滑时，距离你要滑向的对象最近的脚。

打击板的跟部　打击板的底部——打击板上的一部分，距离打击板和球杆柄的连接处最近。

足跟　脚的后部。

打冰球姿势　你的两只手都在球杆上，打冰球时的基本站姿。

冰球滑行姿势　你的一只手放在球杆上，打冰球时的基本站姿。

刀槽　在冰刀两个刀刃中间的凹沟。

冰刀的内刃　距离冰刀和脚的内侧最近的冰刀刀刃。

侧向进攻假动作　将侧向移动与向前的动作相结合来做假动作，以期绕过或甩开对方球员。

侧向（水平）重心转移　将你的重心落在一只脚上，然后将重心转移，让重心落到另一只脚上。

移动到外侧　移动到远离射门的一侧（右手球员向左移动，左手球员向右移动）。

近侧　对球员来说，离球门最近的一侧。

外侧脚或外侧冰刀　与你的内（同）侧相对的脚（对右手球员来说是左脚，对左手球员来说是右脚）。

外侧　与（内）同侧相对的一侧（右手球员的左侧，左手球员的右侧）。

打开打击板　对于右手球员：打击板开始时垂直于冰面，转动打击板使其与冰面形成一个小于 90 度的角，此时打击板的正面朝向冰面；当打击板的背面朝向冰面时，此角度大于 90。对于左手球员：打击板开始时垂直于冰面，转动打击板使其与冰面形成一个小于 90 度的角，此时打击板的背面朝向冰面；当打击板的正面朝向冰面时，此角度大于 90。

冰刀的外刃　最靠近冰刀和脚外侧的冰刀刀刃（与小脚趾同侧）。

脚掌　脚底接触地面的部分。

冰刀倾斜角　脚的底部与冰刀刀刃的相对角度。

内侧　与外侧相反（右手球员的右侧，左手球员的左侧）。

刀槽半径（ROH）　冰刀两个刀刃之间的刀槽的深度。

复位　在发力蹬冰后，将发力脚收回初始位置并重复两只脚的力量交替。

上手转动　当以正确的姿势握住球杆的同时转动上手的手腕，使打击板打开或闭合。

同侧　与外侧相反（右手球员的右侧，左手球员的左侧）。

同侧脚或同侧冰刀　与你的外侧脚相反的那一侧的脚（右手球员的右脚，左手球员的左脚）。

打击板的尖部　打击板底部的一部分，距离打击板与球杆柄的连接处最远的部位。

上手　位于球杆柄顶部的手。

传统射门 / 传球　射门或传球时让你的脚垂直于目标。当在正手位击球时，你的重心从后脚（同侧脚）移到前脚（外侧脚）；当在反手位击球时，你的重心从后脚（外侧脚）移到前脚（同侧脚）。

致谢

我要真诚地感谢以下所有人，没有他们，这本书就不可能像现在你们看到的这么棒：

豪伊·米克——感谢您对教学所提供的无限能量和热情。很高兴有您作为导师，并与您和您的儿子一起工作十多年。您对这项运动的热情具有感染性。谢谢您给我的启蒙。

鲍比·史密斯——作为一名 NHL 球员，你将卓越的技巧、丰富的学识及教学能力完美地结合在了一起。你很看重在冰场上得到快乐。感谢你为《超级技巧》这个节目带来的一切！

西里尔·利德——谢谢你在午夜也没忘记给我打电话，告诉我你为“超级人……公牛眼”设计了完美的服装。你一直激情洋溢，我们一直保持同一步调。感谢你一直支持我，以及你在渥太华为冰球所做的一切。

布莱恩·基里亚——很高兴为你效力，教练！你给我上了一堂最重要的冰球课，每次在冰场上你都玩得很开心。这是我永远不会忘记的一点。我和你的每一次练习和比赛都很开心。谢谢你带给我的改变！

奈杰尔·莱斯特——1974 年我在豪伊学校开始学习的时候，你是我的指导老师。我们一起教书已经三十多年了。感谢你为此书所付出的一切。

戴夫·科纳罗夫斯基——你对冰刀和球杆的热爱及对它们的影响和了解是无与伦比的。无论何时我来到巴尔的摩“乌鸦”队，都能感受到你的激情。请千万不要丢失它！

妈妈和爸爸——给我介绍了这项不可思议的运动，无数次带我去溜冰场，在我 10 岁的时候带我去看加拿大队和苏联队的比赛，为我播下梦想的种子（进入国家队），然后鼓励我去追求那个梦想……这么多年你们为我做的每件事，我都将永远感激。

詹姆斯和约翰——我们花了好几个小时进行击球训练，真希望时间能停下来。你们和我一起体验这项运动的真正乐趣，我们乐此不疲地讨论关于冰球的事情。在街角的溜冰场，我们一起实现了梦想，愿我们永远……

我的家人——我无法用言语表达对你们为我所做的一切的，谢谢你们让我去追逐激情。林恩，你对我的支持和鼓励，对我来说意义重大。你让《超级技巧》这个节目成为可能，如果没有你的支持，就不会有《冰球技能提升：从入门到明星》这本书。塔里亚、劳伦、塔林、肖恩，你们能和我分享你们的激情我感激不尽，我喜欢指导并看你们打球。记住，我是你们最大的粉丝！愿你们在未来继续享受这一奇妙的运动！